诺贝尔（1833—1896），瑞典著名化学家

诺贝尔小传

阿尔弗雷德·贝恩哈德·诺贝尔，世界著名化学家、发明家，1833年10月21日，出生于瑞典首都斯德哥尔摩，1896年12月10日凌晨2时，病逝于意大利的圣雷莫，享年63岁。

诺贝尔一生不屈不挠地致力于炸药的研究，主要功绩是发明了雷管、黄色炸药、爆炸胶等，把硝化甘油由医药变成了威力强大的炸药。硝化甘油炸药的成功使用，在开矿、筑路、水利等各个方面发挥了巨大作用。

诺贝尔一生取得了350多项发明专利权，在20个国家创立了诺贝尔公司，在全世界建有几百座工厂，他一生积累了大量的财富。诺贝尔于逝世的前一年，即1895年11月27日，立下了遗嘱。他在遗嘱中提出，将部分遗产（约920万美元）作为基金，以其利息分设物理、化学、生理或医学、文学及和平5种奖金，授予世界各国在这些领域里为人类做出重大贡献的学者。

爱问问题的小男孩

诺贝尔传

北董 著

華文出版社
SINO-CULTURE PRESS

图书在版编目（CIP）数据

爱问问题的小男孩：诺贝尔传 / 北董著．--北京：华文出版社，2012.12（2013.8重印）
ISBN 978-7-5075-3915-8

Ⅰ.①爱… Ⅱ.①北…Ⅲ.①诺贝尔，A.B.（1833～1896）-传记Ⅳ．①K835.326.13

中国版本图书馆CIP数据核字（2012）第310260号

爱问问题的小男孩：诺贝尔传

著　　者：北　董
出版策划：李红强
责任编辑：杨艳丽
出版发行：华文出版社
社　　址：北京市西城区广外大街305号8区2号楼
邮政编码：100055
网　　址：http://www.hwcbs.com.cn
电　　话：总 编 室 010-58336239　发 行 部 010-58336212 58336238
责任编辑 010-58336251
经　　销：新华书店
印　　刷：天津新科印刷有限公司
开　　本：710×1000　1/16
印　　张：14
字　　数：134千字
插　　图：8张
版　　次：2012年12月第1版
印　　次：2013年8月第4次印刷
标准书号：ISBN 978-7-5075-3915-8
定　　价：26.80元

序

走进伟人的生活

你现在打开的，是一本介绍一位伟人的书。了解伟人，思考伟人，借鉴伟人，学习伟人，自然是有益的。了解伟人、思考伟人的过程，就是增长知识，增长学问的过程；借鉴伟人，学习伟人，就有可能改变你的人生。

伟人，是人类的精英。

在某一领域——政治、经济、军事、文化、科技，等等——获取了突出的成绩，尚且算不得伟人，只可以叫作专家、学者。那些不仅仅是专家、学者，而且有着伟大的令世人尊崇的品德、人格，才称得上伟人。

伟人的光芒，灿若星辰，常常让我们仰视，感叹。

伟人给人以神秘感、威严感，让人匪夷所思，甚至望而怯步。

本书的传主——阿尔弗雷德·贝恩哈德·诺贝尔，是一位化学家、发明家、炸药专家、慈善家，他胸怀博大，仁爱善良，是一位伟人。

诺贝尔那身材瘦小的背影，已经消逝了100多年，可是，他那骄人的业绩和不朽的精神，将永远让人铭记：他在有限的63年人生中，取得了350多项发明专利权，在20个国家创立了诺贝尔公司，在全世界建了几百座工厂，积累了大量的财富，后人遵照他的遗嘱，以他的部分遗产设立了规格至高无上的诺贝尔奖，以推动人类科学的进步，使人们生活得幸福安宁。人们不禁要问，诺贝尔何以取得如此辉煌的成就呢？

这是不是个谜呢？

随之而来的，疑问也就多起来：

诺贝尔是怎么成为伟人的呢？他是上帝造就的神童吗？

诺贝尔有没有眼泪呢？

他有没有灰心的时刻呢？

诺贝尔有没有缺点呀？

那么，什么人可以成为伟人呢？

如果我们走近伟人，走进伟人的生活，从他出生就开始跟踪，看罢他人生的春夏秋冬四季，那就不难发现，原来伟人也是人，而且曾经是普通人；他之所以能由普通人成为伟人，曾经有过一番非同寻常的经历——锐意探索，积极思考，呕心沥血，奋力拼搏，视天下为己任，遭百折而不挠。

伟人，不容易啊。

世界上没有懒惰的伟人。

世界上没有懦弱的伟人。

世界上没有自私自利鼠目寸光的伟人。

阅读本书，让我们走近伟人诺贝尔，走进诺贝尔63年的生活。

看看小诺贝尔呱呱落地来到人间，他的家境如何？我们还可以对照一下，我们的家境比他怎样。

看看小诺贝尔的身体条件怎样吧！还可以对照一下，我们的身体比他怎样。

看看诺贝尔一共念了几年书。

看看为了雕琢自己生命的这颗“宝石”，诺贝尔学会了几国的语言，跑遍了世界多少地方。想一想，他为什么可以成为“世界公民”，或者叫作“世界上最富有的流浪汉”呢？

俗话说，天有不测风云，人有旦夕祸福，看看诺贝尔，在一次次遭受严重打击的时刻，怎样度过了难关。

“百折不挠”是一个说起来很“轻松”的成语，可是有多少人经得起三折五折的考验呢？

种瓜得瓜，种豆得豆，一分耕耘一分收获，看看诺贝尔在取得一个个辉煌成果的时刻，自己告诉自己什么？

“戒骄戒躁”是一个在人们口头上飘来飘去的成语，可是又有多少人在小有成绩后就飘飘然，翘起了尾巴！

踏破铁鞋无觅处，得来全不费工夫？看看诺贝尔有没有“偶得”呢？

——答案是，有的，而且有的好像特别偶然，几乎偶然到“可遇不可求”的程度。

但是，让我们再认真想一想，那些机遇，如果被别人碰到，而不是被诺贝尔碰到，结果又会怎样呢？

他们可能会“有眼不识金镶玉，错把黄金当成铜”，与那些机遇，白白地擦肩而过。

这就印证了那句话：“机遇只垂青那些做好了准备的人”。

记住伟人的人生故事，那将是你一辈子的财富。它可以让你活在伟大的愿望里。

凡是活在伟大愿望里的人，一定会因为前有明灯而感觉心情舒畅，虽苦犹甜，而且脚力十足。

目　录

第一章　撒满问号的天空 …… 1
第二章　马铃薯大树有多高 …… 18
第三章　小狗、闪电蝴蝶和万花筒 …… 31
第四章　爸爸明天去俄国 …… 43
第五章　“问号篓子”老师夸 …… 52
第六章　粗风暴雨芬兰湾 …… 63
第七章　小兔子闯进萝卜园 …… 72
第八章　哥哥的拳头和我的朋友 …… 88
第九章　真情温暖父子贼 …… 100
第十章　涅瓦河上的瓢瓢船 …… 107
第十一章　独在异乡为异客 …… 116
第十二章　老虎的屁股谁敢摸 …… 124

第十三章　雷管就是虎笼头 …………………………… 137
第十四章　埃米尔之殇 ………………………………… 148
第十五章　炸药工厂水上漂 …………………………… 161
第十六章　风靡世界的黄色炸药 ……………………… 172
第十七章　再上台阶的爆炸胶 ………………………… 184

附录　诺贝尔年谱 ……………………………………… 200

第一章　撒满问号的天空

1

面对着一架巨大的不停旋转的柞木风车,一个头发毦黄、脸蛋儿消瘦的小男孩是那样专注,他真是看呆了。

好家伙,它足足有好几层楼高吧！它的四片大“翅膀”,每一片都那么长,那么长！小男孩不明白,那四片大翅膀为什么会转个不停呢？是谁在拨动它们呢？那个拨动它们的人藏在哪儿呢？那个人该有多大的力气呢？

小男孩还不知道它叫风车,他叫它“嗖嗖转的”。

常识告诉人们,所有小孩子一个共同的特点,就是注意力难以集中,难以持久,而这个男孩呢,实在有些特殊。

“妈妈,你看,那嗖嗖转的,是怎么回事呀？是谁在拨动它们呀？那个拨动它们的人,吭,吭……藏在哪里呢？”

男孩的问号可真多。

“那是风车。”妈妈仰起头，看了一眼“嗖嗖转的”，告诉孩子，“它的架子和翅膀都是拿结实木头做的……”

“妈妈，它为什么不停地转呀？谁让它转呀？吭……它要睡觉吗？它什么时候睡觉呢？它……”小男孩呼吸道很糟糕，气管、支气管和肺都非常脆弱，他没说完就端着肩胛弯着腰咳嗽起来。

“宝贝儿不说话，我们不说话了！宝贝儿不说话就不咳嗽……”

妈妈卡罗莱娜·安德烈特·阿尔塞尔，是一位农家妇女，出生在瑞典南部斯莫兰省一个小村庄里。尽管她天性聪明，精力充沛，可她不是老师，更不是科学家呀，她被儿子问住了。

“回家啦，宝贝儿回家，我们阿尔弗雷德该吃药片啦！”

“不，不回家，妈妈！”小男孩执拗起来，“妈妈没告诉我，嗖嗖转的什么时候睡觉！是谁在拨它！吭，它为什么……吭，吭……”小男孩咳嗽得更加剧烈，上气不接下气，苍白的小脸蛋儿忽然潮红如染。妈妈用手背贴贴他的小脸，啊，烫烫的，像烧干锅一般，妈妈的眉头一下锁紧了——孩子又发烧了。

她不再依着孩子，抱起来就往家走。

“妈妈，风车为什么……吭，吭……”

这男孩，就是小诺贝尔。

1833 年 10 月 21 日，诺贝尔出生在斯德哥尔摩北部杜鲁肯区一座石头建造的楼房的第二层。斯德哥尔摩是瑞典的首都，是一座以风景秀丽而著称的水上城市。小诺贝尔天生不强壮，斤两小，四肢细，连哭声都有气无力。接生医生说，这是她从业以来见过的最为孱弱的娃娃，要想把这娃娃养大，可得花费点心思。谁能想到，就是这个人见人愁的娃娃，若干年以后，为这座城市，为这个国家带来了巨大的光荣和述说不尽的话题。

请不要以为“诺贝尔”就是这个男孩的名字，“诺贝尔”只是一个姓，就跟我们中国的赵、钱、孙、李、周、吴、郑、王一样。小男孩的爸爸叫伊曼纽尔·诺贝尔①，大哥叫罗伯特·诺贝尔，二哥叫路德维格·诺贝尔，比他小 10 岁的弟弟叫埃米尔·诺贝尔，他呢，叫阿尔弗雷德·贝恩哈德·诺贝尔。阿尔弗雷德·贝恩哈德·诺贝尔也可以简单地称为阿·诺贝尔。不过，由于后来阿·诺贝尔取得的成就举世瞩目，特别是以他的遗产设立了著名的诺贝尔奖，人们就把这个家族的姓——

① 伊曼纽尔·诺贝尔（1801—1872），工程师，发明家。

诺贝尔——用来专指阿尔弗雷德本人了。一提到“诺贝尔”，不是指别人，那就是阿尔弗雷德·诺贝尔。

诺贝尔自打出生就病歪歪的，他成了爸爸妈妈的一块心病。尽管他得到了妈妈最为精心的呵护和调养，却始终发育不良，而且一辈子也没能强壮起来。人们或许以为，事业光芒万丈、名声如雷贯耳的诺贝尔，一定是个身材魁伟、膀大腰圆、叱咤风云、威风八面的大丈夫吧。不，不是的，诺贝尔由于先天不足，他的个头矮矮的，再加上他一生忙于科研、实验、生产、营销、打官司，根本顾不上养生，一直被胃病、风湿痛、心脏病和偏头痛折磨着，药粉、药片、膏药、火罐，几乎是他须臾不离的“陪伴”。

妈妈急腿急脚地把小诺贝尔抱回家，她要给娃娃喂药了。

爸爸伊曼纽尔先生一副忧心忡忡的样子，从他的实验室里走出来，想找一样什么东西，被小诺贝尔一把搂住了大腿。

“爸爸，跟我去看看吧，吭，吭……嗖嗖转的，为什么嗖嗖转啊?”小诺贝尔仍然没有忘记那架大风车呢。

“去去!”伊曼纽尔先生根本没工夫看孩子一眼，现在他的心情非常沮丧。又忙又累却赚不到钱，预测未来也理不出头绪，脾气就益加暴躁。

“爸爸……大风车为什么……”小诺贝尔搂着爸爸的大腿不放。

“找你妈妈去!”伊曼纽尔先生的那张脸,就像冰冷的铁板,他大巴掌一拨拉,小诺贝尔连趔趄都没打就仰躺在地上了。“你咳嗽,还老说话! 就是不懂得养着,喋喋喋喋,老说话,没完没了的!”

备受委屈的小诺贝尔大哭起来。由于止不住咳嗽,那是真正的“泣不成声”,让人担心他一口气上不来,会窒息而死。

“伊曼纽尔……你……”

妈妈把娃娃抱起来,搂在怀里,已经眼含热泪。她心疼孩子,可是却不忍心责备陷于穷途末路,如涸辙之鲋的丈夫。

伊曼纽尔先生本是一个体格健壮、机灵敏捷、足智多谋而且极富想象力的男子汉。他对机械、建筑和绘画有着与生俱来的兴趣。在众人的眼里,那是一棵八级狂风刮不倒的大树。当然,他的正直、严厉和脾性暴躁也是出了名的。

伊曼纽尔先生和卡罗莱娜于 1827 年结婚,建立了被众人认为非常幸福的家庭。可是天违人愿,伊曼纽尔的事业坎坎坷坷,非常不顺利。用他自己的话说,喝凉水都塞牙。1830 年,巴黎的七月革命像暴风雨一样扫荡着欧洲大地，斯德哥尔摩随即发生了政治动乱。商业萧条，农业歉收，可怕的霍乱病肆虐蔓延，把人们推到了恐惧之中。时局的动荡、商机的枯竭，也有一定程度的经营不善，伊曼纽尔的建筑承包商生意四处碰壁，连续遭到失败。在债台高筑，债主催逼的严峻形势下，他不得不宣告破产。就在小诺贝尔出生的前一年，一场火灾烧毁了他们的住宅和所有的东西，日子赤贫如洗。就像燕子找不到地方搭窝一样，他们在斯德哥尔摩的郊区搬来搬去，总想寻找房租最便宜的住处落脚栖身。五张嘴巴要吃要喝，十只脚板要鞋要袜，路在何方啊？钱在哪里？伊曼纽尔呼天天不应，叫地地不语，能够有好性子吗？

“风车……风车……为什么……”小诺贝尔真是个“一根筋”，他就是忘不了他的疑问。一边抹鼻涕，还一边“刨根问底”。

“为什么！为什么！”爸爸伊曼纽尔先生吆喝道，“上帝为什么给了你一张啰里啰嗦的嘴巴！”

“伊曼纽尔！”一向温柔的妈妈，终于被逼得严厉起来，她望着爸爸的眼睛，以无法容忍的语气说，“你要怎样？他是孩子啊！”

爸爸这才不做声了。

小诺贝尔的大哥罗伯特和二哥路德维格，都闭紧嘴巴大气不敢出，木桩似的立着。

伊曼纽尔先生仿佛“凝固”了一下，他认真地看看可怜巴巴的病娃娃，点了点头，嘟哝道：“是啊，卡罗莱娜，对不起……”

卡罗莱娜见状，一句多余的话也不再说，她朝丈夫点点头，满脸是泪。

一条钢铁汉子，就因为自己的事业受挫，而把怨气撒在孩子身上，伊曼纽尔自责了。想一想近两年的苦辣辛酸，看看小诺贝尔干瘪得像拳头般的小脑袋，伊曼纽尔把他从妻子怀里接过来，亲了亲，说：

“宝贝儿，原谅爸爸吧……”

钢铁汉子的眼睛里也转上了泪花花……

“爸爸……为什么？爸爸……不哭……”

小诺贝尔一边用小小的手掌为爸爸擦擦泪，一边趴在爸爸宽厚的肩膀上。

后来，诺贝尔的一位朋友曾经说过：别人的天空，撒满的是星星；而诺贝尔的天空，撒满的是问号。

2

夜来了。卡罗莱娜太太做熟了饭菜，解下围裙，把碗拿到桌子上，分给每一个人。

一家人的情绪也恢复了平静。

“伊曼纽尔，亲爱的，”妈妈跟爸爸说，“下午我带阿尔弗雷德去看医生，他被一架风车迷住了。他问我这，问我那，小嘴巴‘嘚嘞嘚嘞’没个完。你说，我哪知道风车里边有啥机关呀！”

“阿尔弗雷德，宝贝儿，坐过来，听爸爸给你说说……说说‘嗖嗖转的’！”伊曼纽尔深深地吁出一口久积的浊气，在心里自己告诉自己：“耐下心来吧，别烦！”

小诺贝尔就和爸爸坐个面对面，一对小眼睛火星星似的亮起来。

“风车，不是用人力推动的，”爸爸说，“是风，让那四片大‘翅膀’旋转起来的。知道风车是干什么的吗？它的用处可大啦。在那四片风轮的带动下，它可以粉碎粮食，可以碾压粗盐，还可以榨油，压滚毛呢、毛毡，还可以排水和灌溉农田……”

“为什么呢？为什么什么都可以做呢？它又没有手！”

妈妈看看爸爸，那眼神儿是说：“看看你怎么回答孩子吧！他可是啥都想问明白！”

爸爸说，风轮的转动带动轴承，就有了力量。通过一系列的传动装置，它就能带动各种机器，比如石头碾，比如抽水机，干各种各样的活儿。使用风车最有成就的国家是荷兰。荷兰被称为“风车之国”，全国的风车有上千架，几千架，甚至上万架，多得你数都数不清。每一架风车都拥有几千马力，力量大得很。荷兰的风车，帮着人们过日子，也为国家带来了巨大的经济利益。

“爸爸，”小诺贝尔得到了满足，赶紧追问，“风从哪里来呀？风的家在哪儿啊？风不吃饭就有力气吗？”

“风，”伊曼纽尔想着，怎样才能够言简意赅地把知识传授给小娃娃。“风没有家。空气要流动，就生成了风。风不吃饭……”

“为什么？空气为什么要流动呢？”

对于一个懵懂无知的孩子来说，世间的知识犹如汪洋大海，这再一次让心烦气躁的爸爸感觉为难。他知道，这个儿子尽管体格纤弱，连上帝都难以知道他最终能不能活下来，可他就是喜欢没完没了地问这问那，像受了潮的糖果一样黏住你，叫你根本无法清净。

“空气……流动……阿尔弗雷德，你问哥哥吧！罗伯特，你给阿尔弗雷德说一说！”

爸爸要考虑他的事，只好想个辙，把“球”踢给了大儿子。

“风哪有家呀！”二哥路德维格却接上来，拿勺子哒哒地敲着桌子说，“风没有嘴巴，没有牙齿，当然不吃饭，也不拉屎！”

“那你说，”小诺贝尔问二哥，“马车的轮子为什么不是方的，而是圆的呢？”

这问题，让二哥觉得非常突兀，阿尔弗雷德真是东一榔头西一杠子啊。“方的还叫轮子吗？还能走吗？”路德维格说，“方的，就得咯噔！咯噔！咯噔！”

“那你说，同样是土里长出来的，为什么有红花，有白花呢？为什么有黄花，还有绿色的叶子呢？难道土里藏着许多颜色吗？”

谁也不知道小诺贝尔的脑袋里藏着多少问题。

“红花……白花……黄花，它们自己长的呀！你，你这叫瞎问，乱问啊！”

“那你说，太阳那样刺眼，月亮为什么不刺眼呢？”

“月亮……它不是太阳……月亮它就是不刺眼嘛……”

“我问的是为什么！为什么不刺眼！你只说‘就是’，不行！”

“它根本就不刺眼的！你这叫胡搅蛮缠啊，阿尔弗雷德！”

“为什么我问你，我就叫胡搅蛮缠呢？你懂不懂月亮啊？”

“你就喜欢抬杠，阿尔弗雷德！你抬死杠！”

“别吵啦！别吵啦！”大哥罗伯特插进来，说，“都闭上嘴巴，吃饭吃饭！”

妈妈为大家盛上燕麦饭，特别为小诺贝尔舀上一些煎蛋片。“先不要吵了，吃饭说话会呛着的，饭后再讨论吧！”

可是小诺贝尔依然问这问那。二哥路德维格说：“哎呀，蛋片也堵不住你的嘴巴吗？我看你应该长两个嘴巴，阿尔弗雷德！一个嘴巴用来吃饭，一个嘴巴专门用来乱问！前面一个嘴巴,后面一个嘴巴!脸上一个嘴巴,后脑勺上一个嘴巴!——那可丑死啦!"

"妈妈,路德维格不让我问问题!"小诺贝尔告状了,"他要我后脑勺上也长一个嘴巴!"

"没有两个嘴巴,不够你用嘛!"二哥毫不退让。

妈妈对小诺贝尔说:"不吵啦,不吵啦,哥哥怕你吃呛了,咳嗽,听话的阿尔弗雷德先吃饭。"

"妈妈,我先喂喂拉奥利!"

拉奥利是一条后腿有残疾的小黑狗,可是它超乎寻常地懂事。每当小诺贝尔要穿鞋袜的时候,它一定会把小主人的鞋袜叼过来,甚至连鞋子的左右摆放都不会搞错。而且,它听得懂小诺贝尔的话:"别跟着,在家里等我!"拉奥利就会乖乖地但是留恋地转回身,退到台阶上,眼望着小诺贝尔越走越远,直到消失在小巷的某一个拐角。有一回,风把门扇推过来,眼看着就要把小诺贝尔挤在当中,是小狗勇敢地一个跳跃,上前抵住了门扇,让小诺贝尔躲过一劫。拉奥利的尾巴尖尖是白色的,这成了小诺贝尔玩不够的宝贝。诺贝尔拨一些燕麦饭在"狗碗"里,咬下一些蛋片捧在手心,让小狗吃了。

正在这时候,一位邻居驼背婆婆来借醋。小诺贝尔问道:"老奶奶,您为什么不把胸膛挺起来呢?为什么呢?"

那婆婆听了这话,一下子就尴尬起来。妈妈赶紧为人家解嘲,说:"对不起,弗格伦太太!我们的阿尔弗雷德不懂事,没有他不想问的问题。苹果为什么甜,土豆为什么不甜,面包里为什么有许多小孔，马蹄子为什么不分瓣儿……他啥都问。弗格伦太太您别见怪啊！”

“狗蹄子跟马蹄子是不一样的！”小诺贝尔卖弄了一句，“信不信由你！”

“看这孩子！连他爸爸也好烦他呢！”妈妈对邻居说，“——弗格伦太太，您拿好，这醋是新鲜的！”

3

小诺贝尔的手是不肯闲着的。

“妈妈，我的步枪呢？我的步枪哪儿去了？”二哥路德维格，问妈妈要他的步枪，两只大眼睛却死盯着小诺贝尔。

卡罗莱娜太太问二儿子：“步枪？你什么时候有步枪了？”

“我，”路德维格气呼呼的，“我怎么没步枪呀！阿尔弗雷德，你见没见着我的步枪？”他直接询问“嫌疑人”了。

小诺贝尔求助地望望妈妈：“不就是一截儿……木头棍子吗？”

“好哇，你！”大两岁的哥哥认为抓获了“元凶”，“说，我的步枪在哪儿？给我！”

卡罗莱娜太太对诺贝尔说：“宝贝儿，把哥哥的步枪还给哥哥，谁的就是谁的嘛。”

诺贝尔就从他的“百宝箱”里找来一截已经削成枪柄模样的沙松木棒，说：“给你。”

“枪管！我的枪管呢？”二哥几乎跳起来，“我的枪管哪儿去了？阿尔弗雷德你把我的步枪给拆了！”

二哥已经不再等待“元凶”去取枪管，他阴沉着脸，把小诺贝尔沉甸甸的纸箱端起来。

“不许动！放下！”小诺贝尔急了。

哗啦一下，纸箱倒了个底朝天。

小诺贝尔叫了一声妈妈，就大哭起来。

一心“追赃”的路德维格，一眼就发现，自己的枪管已经被人家当作“轴”，极不利落地安装在一个硬纸板的风车上。与风车一起跌在地板上的，还有大大小小、粗粗细细的螺杆和螺母，长长短短、宽宽窄窄的铁片、锡箔和木片，削得歪歪扭扭不合比例的木头靴子、木头房子、木头老鼠、木头鸭子，还有好几个嘴歪眼斜缺胳膊少腿的木头人儿……

妈妈过来，为两个儿子“打和”。

“路德维格,你是哥哥,怎么可以这样对待弟弟呢?”

路德维格竟被弟弟的“作品”感动了。他想起来,自己也曾经充当过同样的角色,给哥哥罗伯特“制造麻烦”。他原谅了弟弟。他拉过诺贝尔的手,在自己的额头上打了两巴掌。

“路德维格向阿尔弗雷德道歉,”他说,“阿尔弗雷德的好宝贝可真不少哇,来,收起来,收起来!”路德维格一样一样地往纸箱里捡“宝贝”,而且一边捡一边夸赞不已。

“哟,这是……什么呀?”他抓起两个木头人,相互磕了磕。

“是海盗嘛!”弟弟已经破涕为笑。“你不认得吗?是特别特别坏的大坏蛋!”

“海盗?这么难看呀,它们为什么是海盗呢?”

“难道你还不知道海盗吗,路德维格?那你听阿尔弗雷德说说吧!”

小诺贝尔早就问过爸爸，斯德哥尔摩为什么叫斯德哥尔摩呢？因为在瑞典语里，"斯德哥"是"木头的"，"尔摩"是"岛"，"斯德哥尔摩"就是"木头的岛"，这座城也就是"木头的城"了。一座城，为什么不叫金子的城、宝石的城，而叫木头的城呢？

爸爸告诉他："我们这地方，正好坐落在梅拉伦湖的入海处，邻着波罗的海，是个交通特别便利、气候十分宜人的好地方。大约在五六百年以前，我们这座城市就初具规模了。我们的前人种田、打鱼、做手工、开作坊，日子虽然不是特别富裕，但是也不愁吃喝，还算安宁。可是后来，一伙红了眼的强盗拿着大刀、长矛、十字弓和土枪土炮来劫掠我们，抢钱财，抢东西，杀人放火，我们的日子就过不下去了。强盗们是从海上来的，有波兰人、丹麦人或者芬兰人，也有拉脱维亚人和爱沙尼亚人，当然也有瑞典人，个个凶残得很，人们就叫他们'海盗'——来自海上的强盗。为了抵挡海盗，人们便在梅拉伦湖入海处的一个小岛上修建了城堡，用于监视和及时报警；并且在水中打下许多木桩子，就像架起篱笆拦挡鸡狗一样，拦住海盗的船只。因此，咱们这个岛便得名为'木桩岛'，城市就叫木头城了。"

"爸爸啥时候给你讲过？爸爸怎么没给我讲啊？"

"你问过爸爸吗？爸爸一天晚上给我讲的！你不问，爸爸为什么给你讲呢？——海盗都是大坏蛋，应该狠狠收拾他们！你看，瞎了眼的、断了胳臂的、丢了一条腿的！哈哈！"

路德维格看看，是啊，海盗们瘸拐秃瞎，没有一个健全人——阿尔弗雷德已经把他们全都“收拾”了。

小诺贝尔从小爱动脑、爱动手，经常被路德维格指责为“打破砂锅问到底”。有一回，他把两个空玻璃杯紧紧地套在一起，放到外窗台上。第二天早晨，竟发现套在外面的杯子破裂了。

“就你打破砂锅问到底！”路德维格跟他吼，“——妈妈，阿尔弗雷德把杯子拿到外面去冻，您看看吧，两个杯子剩下一个了！”

“可是为什么呢？”小诺贝尔想不明白。“风没刮掉它，猫也没碰倒它呀！”

“只有杯子自己知道为什么！哼！”

有一回，小诺贝尔把座钟的月牙摆摘下来，换上了一串螺丝，钟就不走了；他再把月牙摆换回去，钟还是不走。

“妈妈，你的阿尔弗雷德把座钟报废了！”路德维格告状了。他瞪着小诺贝尔，“就你打破砂锅问到底！——会报时的座钟可比一个哑巴杯子值钱多了！”

“可是为什么呢？”小诺贝尔想不明白。“谁也没把钟摆怎么样啊！”

“那你问谁！只有钟表匠才知道！”路德维格说，“花钱去修吧！”

可就是这“打破砂锅问到底”，还很受爸爸的称赞。爸爸说：“能工巧匠都是‘打破砂锅问到底’出来的。既然打破砂锅问到底了，就应该搞明白其中的道理。夜里气温下降，杯子受了冻，外面的比里面的最先收缩，里面的收缩慢，撑着，抵制着，外面的就破裂了。座钟的摆虽然没人把它怎么样，可是阿尔弗雷德在摘下来和安上去的时候，碰了非常精细的传动装置，座钟就罢工了！——座钟嘛，爸爸会修，可是那杯子，爸爸修不了啦！”

后来，路德维格和小诺贝尔把他们的手工作品一样一样地加工，力求精致，然后摆放在一个有分格的木架上。大哥罗伯特把这个木架命名为“工艺品大联展”。

阅读思考

① 诺贝尔从小就有一个甚至让大人腻味的特点，那是什么特点呢？

② 你知道诺贝尔的故乡在哪里吗？你知道那座城市名字的由来吗？

第二章　马铃薯大树有多高

4

“妈妈，路德维格说，我画的马铃薯大树是胡画，应该撕掉！”

小诺贝尔拿着蜡笔，头也不抬地为他的“马铃薯大树”涂颜色。

“是吗？马铃薯大树？让妈妈看一看！”卡罗莱娜太太放下手里的针线活儿，凑过来。

小诺贝尔画了一棵占满一张纸的大树，每根树枝上都结了许多马铃薯。

妈妈就笑了。“硕果累累啊，阿尔弗雷德！你的马铃薯结得可真不少！可是……”

“您笑什么呢，妈妈？”小诺贝尔问道，“路德维格说，我的马铃薯都变成柿子还差不多！可是我的马铃薯不能变柿子——柿子是绿色的，马铃薯不是！"

"阿尔弗雷德，"妈妈说，"柿子，是树上结的，马铃薯可不是啊！"

"为什么呢？"小诺贝尔问，"马铃薯为什么不是树上结的呢？"

"为什么呢？为什么呢？"路德维格做个鬼脸，"你就会问'为什么呢？为什么呢？'马铃薯就不是树上结的，妈妈可以作证！你以为什么都是树上结的吗？胡思乱想啊你，阿尔弗雷德最爱胡思乱想！"

"路德维格不许这么说弟弟！"妈妈说，"爸爸说过，不要怕小孩子胡思乱想，胡思乱想通向想象力。爸爸还说，想象力是智力的翅膀呢！"

妈妈转过脸，对小诺贝尔说：“马铃薯是结在地下的，在土里的，就跟甘薯一样。不然，它怎么也叫‘薯’呢！”

“我不明白！”小诺贝尔说，“柿子为什么不结在地下呢？就因为它不叫‘薯’吗？”

“等着吧，宝贝儿，等有机会，妈妈一定会让你明白‘马铃薯大树之谜’的！”

上面这一段对话，已经过去了一个多月。现在，到了收获马铃薯的季节，妈妈有了一个打算。

座钟响过九下，罗伯特和路德维格都已睡了，小诺贝尔却还在鼓捣一只木头鸽子。他小心翼翼地用爸爸的木锉修理一只木鸽子的尖嘴巴。爸爸的木锉让他大感兴趣。木头是坚硬的，可是刷拉刷拉的，木継的牙齿好厉害。

“快睡觉吧，宝贝儿！”卡罗莱娜太太说，“放下，放下，今天就做到这儿！明天妈妈带你们去郊区拾秋。”

“拾秋？”小诺贝尔放下鸽子和木锉，抖抖衣襟上的木屑，问，“拾秋是干什么呀？”他头一次听说这么个怪词儿。

“到了秋收季节，农家大都把庄稼收回家了。”妈妈说，“可是也难免丢落一些，收不干净。比如，熟过头的豆荚可能自己爆开，里面的豆子落到田里。比如，有一些庄稼穗子，小得不起眼，主人也许就放弃了它。比如，有一些比较小却埋得很深的马铃薯，或者被镐刃切破的马铃薯，也会被丢落在土里。我们不妨去碰碰运气，或许能够捡拾一些回来，这就叫拾秋。”

“拾秋，有趣！——喂，罗伯特！路德维格！妈妈要带我们去拾秋啦!”小诺贝尔立马把两个哥哥拍打醒了。

罗伯特和路德维格都迷迷糊糊的。路德维格说:“走!”

小诺贝尔嘎嘎地笑起来:“走?现在就走吗?——明天!明天去拾秋,现在是今天!”

妈妈赶紧安顿罗伯特和路德维格继续睡觉。

小诺贝尔小声问妈妈:“明天,我们能够见到马铃薯大树吗?我说的是在土里结马铃薯的大树!”

“阿尔弗雷德,”妈妈说,“我们不要说了,明天你亲眼看见马铃薯,就完全明白了!”

“可是我认为,阿尔弗雷德不能去拾秋,妈妈!”路德维格忽然坐起来,光着膀子说,“阿尔弗雷德还没长大,不会干活儿,一个人留在家里好啦。我和哥哥跟您去拾秋,捡马铃薯!”

“抗议,妈妈,路德维格不让我去拾秋!”小诺贝尔哪肯放过这样难得的好机会,“路德维格的主意非常不好,我要去看马铃薯的大树,要捡许多许多马铃薯带回家!”

“你的马铃薯大树不长在城里!路好远好远哩,你根本走不去的!”路德维格说,“难道要我们背着你赶路吗?再说,你动不动就咳嗽,甚至发烧,你在家里跟拉奥利做伴多好!”

“不好!”小诺贝尔求救道,“妈妈,路德维格欺负阿尔弗雷德!阿尔弗雷德自己能走路!阿尔弗雷德特别能捡马铃薯!”

“别吵啦,安静些,邻居睡觉了。”罗伯特到底是大了几岁,他在盘算家里的日子。这时候,爸爸在芬兰闯荡,好久没有让人高兴的消息，更没有捎过钱来。妈妈总是说光景很快就会有起色，那不过是用来安慰儿子的吉利话罢了。饭桌上已经好久没有荤腥，燕麦粥里掺了许多并不新鲜的菜叶子，那是妈妈从市场上捡来的。妈妈跟人家说喂鹅，其实家里一只鹅也没养。由于小狗拉奥利也要吃东西，妈妈曾经提出把它送人，只是阿尔弗雷德坚决不同意，妈妈才不得不打消了这个想法。罗伯特曾经和弟弟路德维格一起去大街小巷卖火柴，赚来的每一个铜板，都是一声声唤阿姨叫伯伯磨破嘴皮的成果啊。妈妈心疼阿尔弗雷德体弱多病，常常把锅巴加一点酱油嚼成糊，喂给他当偏饭。吃锅巴就成了阿尔弗雷德的"专利"，享受的那一刻，他一定眉飞色舞。

"妈妈，"罗伯特说，"就让大家都去吧，阿尔弗雷德，由我背着走！我们必须让他看看他想象中的'马铃薯大树'嘛！他没准儿也能够挖来几个马铃薯呢！"

小诺贝尔一听就咧开嘴巴笑了，他赶紧说："谢谢大哥！罗伯特的点子像爸爸一样高明！"他望了路德维格一眼，说，"路德维格，你要向大哥学习，别老出馊主意惹阿尔弗雷德不高兴！"

路德维格也只能朝小东西翻翻白眼。

"我自己走路！"小诺贝尔说，"我会跑到你们前面去的！"

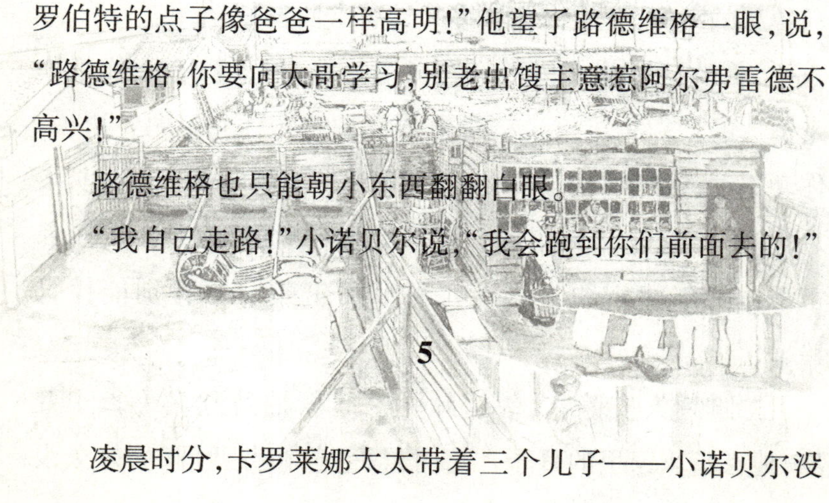

5

凌晨时分，卡罗莱娜太太带着三个儿子——小诺贝尔没忘记带上小狗拉奥利——大家就向西郊方向出发了。他们走过了六七座石桥和木桥，穿越了许多街巷。由于赶路心切，两个哥哥要小诺贝尔必须忽略市区里的许多景致。“我回来一定好好看看你们哟！”小诺贝尔对金碧辉煌的宫殿和高耸入云的尖塔，对一尊尊雕像和一座座花园，对往来的马车和掠过头顶的鸽群……无不好奇，他头脑中的“为什么”太多了。(可是他回来的时候，一直睡在大哥和妈妈的背上，什么也没看着。)

“妈妈，”小诺贝尔握着一把小铲子，雄赳赳地走着。他确实不用谁背着。“马铃薯的大树有多高呢？比我们楼下的柿子树还高吗？”

“比天还高！”二哥路德维格抢过话茬说，“你是个地地道道的小糊涂虫！”

“你才是小糊涂虫！”小诺贝尔说，“那我问你路德维格，你知道马铃薯为什么叫马铃薯吗？它为什么不叫牛铃薯呢？”

“你啥都要问为什么！那我问你，你为什么不叫拉奥利，偏偏要叫阿尔弗雷德呢？”

“你们谁背一会儿阿尔弗雷德？他会累着的。”妈妈说。

“我不用谁背！”小诺贝尔说，“我说过，阿尔弗雷德特别能捡马铃薯！”

不足5岁的小诺贝尔，真的徒步到达了郊区的农田里，就凭着那两条小短腿和两只小脚，这可是个奇迹。

“就到了！”妈妈指指前方说，“前面的地块儿，都种马铃薯,基本上都收完了。”

小诺贝尔注意到,前面连一棵树都没有。

一块块马铃薯田里,丢弃着一堆堆绿色的秧子,被翻过的土壤散发着袅袅的白气。马铃薯已经被主人收走。路德维格拿起一棵秧子,戳立在地上,说:“阿尔弗雷德,你看看你的马铃薯大树吧!”

一棵马铃薯秧子有七八十公分长,一根主莛,分出几根杈子,根子上有几粒橡子大的小马铃薯。

“哦,哦,”小诺贝尔点头了,“马铃薯果然不是大树,知道了,知道了!”

妈妈嘱咐说:“你们要分散开一些,镬头锹镐别互相碰着磕着。”三个儿子就分头去挖掘土地,寻找主人丢落的果实。

罗伯特力气大,一把尖头锹挖得深,一会儿就留下一大溜暄腾腾的浮土。但是,要想得到一个有模有样的马铃薯却很不容易,主人收割得太仔细了。一种为家庭而担当的责任感让这个不足9岁的男孩不屈不挠,他把上衣脱掉,他已经累得汗流浃背了。

二哥路德维格用一把齐刃镐,叉开双腿向前刨。因为用力过猛,两手都被不够光滑的木柄捻出了血泡,没多久人就蔫了下来。他抱怨马铃薯丢得太少,镐太重,木柄太粗糙,而罗伯特的锹才好用,直着腰就可以切进土里去。罗伯特听了,就把锹让给了路德维格,可是路德维格很快就说肚子饿了,口渴了,蹲在地上喘气。

妈妈安慰他们说:“不要急,我们没有播种,不论捡多捡少，都不亏本，干累了就歇着。”

小诺贝尔跟着妈妈走来走去，翻看土块，寻找由于被遮掩而被主人丢落的马铃薯。一些不够大的切块是主人故意放弃的，妈妈说可以吃，小诺贝尔就将它们拾起来装进袋子里。

“啊，妈妈，蛇！”小诺贝尔惊叫起来。

妈妈扭过脸看了看，说：“宝贝儿，这不是蛇，是蚯蚓。”

“它样子又细又长，为什么不是蛇呢？”

二哥路德维格说：“阿尔弗雷德一会儿就要把蚂蚁叫大象啦！蚂蚁有四条腿，大象也有四条腿，蚂蚁为什么不是大象呢？”

“错啦！路德维格先生！”小诺贝尔兴奋起来，说，“路德维格的蚂蚁有四条腿吗？全世界蚂蚁应该都是六条腿！哇，路德维格！”

大哥罗伯特说：“看看，弟弟把哥哥赢了吧！”

小诺贝尔把蚯蚓拿起来，认认真真地打量。“妈妈，为什么我看不到它的眼睛呀？为什么不见它的嘴巴和牙齿啊？”

路德维格说：“你拿它干什么？你啥都想拿一拿，你也不嫌它脏！你这毛病老也改不了！”

“我总该弄明白它哪一边是头，哪一边是尾巴吧！”

大哥罗伯特说，蚯蚓是农民的朋友。小诺贝尔就把它送回了家——埋进潮湿的土壤里。

过了一会儿，小诺贝尔哭叫起来。一只蟋蟀在马铃薯秧子上晒太阳，被他抓住，蟋蟀在他没来得及“研究研究”的时候咬住了他的指头。蟋蟀那两颗琥珀色的牙齿像钳子，小诺贝尔嫩嫩的指肚儿浸出血珠来。蟋蟀趁着他哇哇大哭,一路猛跳着逃生去了。

幸好妈妈随身带了布条,给小诺贝尔把指头包扎起来。

天近中午,马铃薯倒是捡到了一些,不够多,也不够大。他们换了几块地,收获也差不多。路德维格发现不远处有一块儿马铃薯没有收,绿油油的秧苗非常茂盛。他问妈妈,可不可以去那边看看。

"不可以!"妈妈坚决地说,"我们不要动他人的东西,我们也没必要惹嫌疑,被人家误会!"

小诺贝尔说:"路德维格为什么想去那边呢? 爸爸说过,饿死不做贼!"

"对! 阿尔弗雷德记得好! 你们要一辈子都记着!"妈妈说。

路德维格红着脸点了点头。

"妈妈,"小诺贝尔说,"秧子上这些小小的马铃薯,跟橡子似的,主人为什么丢弃了?"

"因为太小,不能吃。"妈妈说。

"太小为什么就不能吃呢? 黄豆、玉米和燕麦不是更小吗?"

小诺贝尔的"为什么"又来了。

"太小,没长成熟,口味就涩。"

小诺贝尔问为什么没长成熟口味就涩,卡罗莱娜太太也说不明白。可是她却受了启示,涩也可以糊口啊,总比饿肚子强啊。"我们可以摘一些,"她说,"逢着灾年,草根树皮也有

在和妈妈、哥哥一起去拾秋的路上，小诺贝尔对金碧辉煌的宫殿和高耸入云的尖塔，对一尊尊雕像和一座座花园，对往来的马车和掠过头顶鸽群……无不怀有好奇心，他头脑中的“为什么”太多了。

名家名言

我更关心生者的肚皮，而不是以纪念碑的形式对死者的缅怀。

名家名言

我们为死人建纪念碑不如帮助活着的人。

人吃的,不吃就会挨饿。”

娘儿四个开始翻看秧子,在根须上寻找橡子大的小马铃薯,小诺贝尔甚至连黄豆大的小马铃薯也揪下来。后来,小诺贝尔发现田头土坎上有一个马蜂窝,就频频地用土块打。他特别想知道马蜂窝里面有什么东西。一只马蜂在他的额头上蜇了一下,他疼痛难忍,“妈呀妈呀”哭得像杀猪一样。

“这太危险了!”妈妈说,“你们两个哥哥也不好好照顾弟弟! 要知道,马蜂能够把人蜇死的!”

小狗拉奥利心疼小主人,紧紧偎在小主人脚边,仰望着小主人的一张泪脸。

小诺贝尔哭够了,困得挑不起眼皮,仰靠在一堆马铃薯秧子上睡了。至于怎么回的家,他根本一无所知——妈妈和罗伯特轮流背着他,抱着他,后来二哥路德维格常常说:“他还不及小狗拉奥利呢。”

通过这次拾秋，小诺贝尔不仅认识了马铃薯、蚯蚓，还认识了蛴螬、蟋蟀和“老公公”（枫叶鼠）。记忆最深的当然是马蜂了。二哥路德维格编了个顺口溜逗他：

一 去的时候跑跑跳跳劲头儿高高，
回来的时候眼皮儿沉沉像抹了胶胶；
手指头被蟋蟀姐姐咬了两个洞洞，
额头上被马蜂哥哥蜇了个大包包。
听听吧，
噢——
噢——噢——
噢——噢——噢——
……

“我乐意！”小诺贝尔说，“我喜欢拾秋！非常非常喜欢！路德维格，我问你一个问题，你说说，为什么马蜂蜇的比蜡烛烧更疼呢？你能解答这个问题才算有本领！你能解答吗？你说说看！说说呀！”

路德维格答不出。

罗伯特也答不出。

罗伯特去问了老师，才知道马蜂的蜇针会放出毒液，毒液里含有比较复杂的化学物质，具有非常强烈的致痛作用。

妈妈把大家拾来的马铃薯煮烂，搅成泥糊，加上一点糖，虽然涩了一点，也还是抵了四五顿晚餐，节省了粮食。

这一年，妈妈先后带领他们拾了十来回秋，虽说回回都是人困马乏，却都非常高兴。这样的拾秋，卡罗莱娜太太和孩子们坚持了二三年。诺贝尔长大后还常常回忆说:“和妈妈一起拾秋非常有意思！蚂蚱、螳螂、鹌鹑、狗獾……家里没有的，田里都有!”

可是,最后一次拾秋回来,小狗拉奥利出了问题。它口吐白沫,鼻孔里淌出涎水,浑身抽搐地躺在地板上,妈妈想喂它,嘴巴掰都掰不开。

“它要死了,要去天国了。”妈妈伤心地告诉小诺贝尔,“也就是说——它将永远地睡去了。”

小诺贝尔流下泪来:“它为什么不肯跟我做伴了? 为什么一定要去天国呢?”

“它病了,”妈妈说,“它病得非常厉害!”

“它为什么病了? 它做错了什么事吗?”

“可能是……细菌吧……或者是病毒。”妈妈指着一个旧纸箱说:“准备着,把它埋到郊外去吧。坑要尽量挖深一些,不要让它受到外界的惊扰。坑底的土要疏松柔软,铺一些旧

的布片。如果你们同意，把它喜欢的花皮球也让它带去，让它少一些寂寞。”

“细菌为什么会让它得病呢？别人家的狗也都病了吗？拉奥利根本不愿意离开我的！我们为什么不救活它呢？”小诺贝尔把拉奥利抱在怀里，“阿尔弗雷德要和拉奥利在一起！”

阅读思考

① 诺贝尔是怎样才搞清楚“马铃薯大树”之谜的呢？

② 你知道诺贝尔的故乡在哪里吗？你知道那座城市名字的由来吗？

第三章　小狗、闪电蝴蝶和万花筒

6

小狗拉奥利呼吸微弱得若有若无，它的生命即将走到尽头，连抽搐也渐渐没有了力量。

“放下它吧，阿尔弗雷德，”妈妈难过地说，“让拉奥利安静地走吧！”

小诺贝尔不肯把小狗放下，“拉奥利！”他突然大叫了一声。

难道拉奥利被小主人感动了？它睁开了眼睛，而且把目光投射到小主人的脸上。一家四口同时看到，拉奥利的眼神写满了悲哀、无助和眷恋。

“妈妈，拉奥利不想死啊！”小诺贝尔继续大叫道，“被埋在土坑里，肯定不舒服！我们为什么不救活它呢？医生不是有好几回说阿尔弗雷德活不久，长不大吗？别看他跟你悄悄地说，我耳朵尖，听见过好几次的！你们不是救活了阿尔弗雷德吗？”

妈妈回答不出来。

“你是你，狗是狗哇！”二哥路德维格说，“我们又不知道它得了什么病，阿尔弗雷德你又抬硬杠，凿死理啦！”

“妈妈，我去请医生！”

小诺贝尔也不等妈妈答应，就抱着拉奥利飞跑出去。他去找经常拿一支木管听诊器为他检查心肺，戴上老花镜为他开药方的老爷爷。可是老爷爷一看得病的是条狗，脑袋晃得像拨浪鼓，“不能不能，爷爷没研究过猫病狗病，乱来不得，乱来不得！”

“为什么呀？”小诺贝尔不甘心就这么放弃，“为什么不能不能呀！爷爷您就……”

“乱来不得，乱来不得！”老医生也没有第二句话，小诺贝尔不敢停留，又跑回了家。

“看你折腾的！”路德维格说，“你别把自己跑病了！拉奥利是条狗嘛！”

“狗又怎样？狗就不可以救活了？妈妈，为什么不把我的药喂给它吃啊？”

妈妈和罗伯特对望了一眼，妈妈问道：“罗伯特，你说，我们可以试试吗？”

“问罗伯特干嘛？”小诺贝尔说，“谁也不用问！不试试就等着死啊！”

罗伯特说:“严格地说,不可以,我看拉奥利没什么希望了。可是我想起爸爸引用过中国人的一句话——死马当活马医。”他对着妈妈的耳朵嘀咕了一句。

“那就试试吧?”妈妈愕然点头,说,“反正已经到了这地步了。”

小诺贝尔发过高烧,抽搐过,拉过肚子,妈妈把他用剩下的药找出来,小诺贝尔对狗说:“拉奥利,你死不了,我们要喂你药,你会好起来的！我给你留着果酱比萨呢,可好吃哩!”

或许是生命的征兆有了一些回复,拉奥利又抽搐起来,牙关咬得像钳子。

“没法喂药,只好先注射啦!”大哥罗伯特说。

“妈妈,让阿尔弗雷德动手试试吧!”危急关头,小诺贝尔自荐。

妈妈没有拒绝他,她告诫儿子小心别扎了手。

“我知道!”

妈妈摁住狗的头,让罗伯特摁住狗的后半截,让路德维格说一些让小狗安静的话。小诺贝尔仿照医生的样子,虽然手有点哆嗦,还是把一些药物注射到狗的脖子里了。

“看看会不会有奇迹发生吧!”妈妈说,“我们的拉奥利,是阿尔弗雷德的命根子,但愿上帝也通情达理!”

二哥路德维格也为拉奥利祈祷:“请上帝帮助拉奥利吧,帮助拉奥利,就是帮助阿尔弗雷德！没有谁愿意看见阿尔弗雷德哭鼻子!”

过了一会儿,小诺贝尔叫起来:“看,看呀,拉奥利安静了!”

是的,小狗的抽搐缓解了,褐色的鼻头轻轻耸动起来。

全家人都兴奋极了,小诺贝尔说赶紧给小狗喂些药,小狗的嘴巴很容易地被罗伯特用手指头掰开了……

小诺贝尔的“为什么”,救了拉奥利一条命。这条可爱的善解人意的小狗,后来随全家一起去了俄国的圣彼得堡,被伊曼纽尔先生的俄国朋友们称为“四条腿的外宾”。

7

小诺贝尔没忘记去见一回医生老爷爷。

“我家拉奥利病好了,爷爷!”他说,“请您祝贺它吧!”

老爷爷问:“祝贺谁?谁的病好了?”

“我们家的小狗呀,小狗叫拉奥利呀!我们给它打了针,喂了药,它被我们救活了!”

“噢——”老爷爷想起那条垂死的小狗来,“救活了吗?……祝贺祝贺!”

“可是您为什么不肯救它呢?”小诺贝尔哪里懂得老医生的难处,他的“为什么”,可不是一两句话能够说清楚的。老爷爷的脸像喝了烧酒一样泛上酡红色,可他仍然是那句话:“乱来不得,乱来不得……”

“您就会说乱来不得,乱来不得!”小诺贝尔说,“等我长大当了医生,我见谁救谁!”

“那你告诉爷爷,小狗是用什么药救活的?”老医生问。

“就是我没用完的药,把它救活了。”

“娃娃!”老爷爷说,“那是碰巧了。碰巧那些药,跟小狗对症,发挥了作用。可是医生不能指望碰巧。等你长大当了医生,你就会明白,医生必须辨清病理,对症下药。”

小诺贝尔把老爷爷的一番话讲给妈妈和两个哥哥听,妈妈说:“老爷爷的话非常有道理,人家不是兽医,不懂得狗的疾病,不给诊治也有道理。我们虽然救活了拉奥利,真正是没有办法的办法,我们是‘乱来’的。”

“那……怎样才不是乱来呢?”

“那要真正地懂,”妈妈说,“真正地明白各种各样的疾病和各种各样的药物,那是非常深的学问。”

诺贝尔救活自家的小狗,这曾经使他产生了当医生的愿望,可是后来受到爸爸和哥哥的影响,却在另外一条路上奋斗了一辈子。

8

二哥路德维格对小诺贝尔说,他有了一个小宝贝,小宝贝叫“闪电蝴蝶”。

“给我看看呀,二哥!”小诺贝尔着急。

“你看看?不给!宝贝不是随便给人看的!”路德维格倒背着手,逗弟弟,让弟弟干着急。

小诺贝尔就抱住路德维格的腰。

“注意!”路德维格说,“闪电蝴蝶要飞啦!”

路德维格的秘密就藏在手心里，手一摇，对面的墙壁上或者大树上就有一个亮亮的“蝴蝶”飞跑，再一摇，亮亮的“蝴蝶”又跑到了别处。可那到底是不是一只蝴蝶呢？看不清楚。不过凭那迅速移动的样子，并不太像蝴蝶。

“我这闪电蝴蝶，可比任何蝴蝶都飞得快，比鸟儿飞得还快。”路德维格说，“你看，嗖——嗖——”

小诺贝尔非常想玩玩“闪电蝴蝶”，二哥就是不给他。

大哥罗伯特看在眼里，对小诺贝尔说：“阿尔弗雷德你等着，大哥给你也找一只‘闪电蝴蝶’来。”

“大哥你先告诉我，”小诺贝尔请求道，“路德维格的闪电蝴蝶，为什么飞得那样快？我根本看不见它的翅膀怎样扇动！”

“别急，阿尔弗雷德，你当然看不见它的翅膀扇动！”大哥说，“到时候你就全明白了！”

下午，罗伯特从街上给小诺贝尔捡来一小片玻璃——就是一小块镜子碎片。“小心别割破了手，你到太阳下面去试试吧！”

小诺贝尔仿着二哥的样子，把握在手心里的碎镜片迎着太阳晃来晃去，那反光打在对面的墙壁上或者大树上，当然就成了倏忽这边倏忽那边的“闪电蝴蝶”——其实，那不过是一片光斑而已。

卡罗莱娜太太也有一面镜子，就挂在她卧室的墙上。

“妈妈，”小诺贝尔站在镜子前面，问道，“我们为什么可以跑进镜子里去呢？”

一个看起来平平常常的问题，却又把妈妈难住了。

“镜子……我们为什么进去……那是，照进去的呗……”妈妈搪塞着说。

“为什么能够照进去呢？”小诺贝尔问，“而且妈妈你看，我举起了右手，里边的阿尔弗雷德举起的却是左手！为什么呢？我左边耳朵上的痣跑到右边耳朵上去了！为什么呢？如果我对着墙——离开镜子，对着墙，不论是哪面的墙，我都进不到墙里去！这又是为什么呢？”

这一串“为什么”，把卡罗莱娜夫人闹糊涂了。

她想不明白，只好说：“妈妈不懂，你问问罗伯特知道吗？”

爸爸不在，上小学的大哥罗伯特，就是最高级的“知识分子”了。

“大哥，你来说说镜子吧！”小诺贝尔说，“我们是怎样进入镜子的呢？”

罗伯特就过来，也照起了镜子。路德维格也来照镜子。两个人在镜子里晃来晃去，想着小弟弟的问题，不由得都皱起了眉头。

“是呀，我们怎么就进到镜子里了呢？”路德维格抓起了脑瓜皮。

“大概……妈妈说得对，就是照进去的！”罗伯特含糊其辞地说。其实，他也说不出子午卯酉啊。

“墙，不是镜子，当然不能照人啊！”路德维格说，“你没听说那句格言吗，‘再好的鞋底也不能当镜子’！阿尔弗雷德你老是问一些没用的问题!”

“那格言应当改一改,”小诺贝尔盯着二哥,说,“应当改成,‘再会装模作样的路德维格也不能当老师!’——他根本就不懂镜子!”

路德维格就和小诺贝尔吵起来。路德维格的理由就是小诺贝尔光说废话!小诺贝尔的理由就是路德维格明明不懂还要装明白。妈妈说:“别吵啦,有关镜子的问题,等爸爸回来以后回答你们,爸爸一定懂。”

当时爸爸还在芬兰,累得焦头烂额,忙得一塌糊涂。他之所以要回家几天,是因为在一处建筑工地上碰伤了右脚踝。

“爸爸,您说,我们为什么可以跑到镜子里去呢?”爸爸一进家,还没来得及喝口水,小诺贝尔就迫不及待地把憋在心里的问题端出来了。

妈妈跟爸爸做了解释,说镜子问题,两个哥哥都被阿尔弗雷德考住了。路德维格说:“他们的课本上根本没有讲过镜子!镜子人人会照,阿尔弗雷德还问‘为什么’!”

作为建筑师和发明家的伊曼纽尔,非常欣赏小诺贝尔的勤学好问。

“路德维格你听着,”爸爸说,“阿尔弗雷德爱问问题,这是优点。好啦,阿尔弗雷德,你怎么想起问这样一个问题呢?”

小诺贝尔就把二哥路德维格玩“闪电蝴蝶”的故事说了说。“我不明白,在镜子里我左耳朵上的痣为什么跑到右耳朵上去了!是痣开了小差呢,还是耳朵开了小差呢?它们可谁都没跟阿尔弗雷德打招呼!”

爸爸大笑起来,说:“哈哈,开了小差,有意思!有意思啊!——阿尔弗雷德,先别急,爸爸要送你一样好东西!”

9

爸爸这次从芬兰回家,给小诺贝尔买来一个万花筒。

哇!小诺贝尔一下子就喜欢上了。

这可真是个宝贝啊,只要把小筒的一头对住眼睛往里一看,里面就会出现一朵美丽的“花”。更重要的是,把筒稍稍做一下旋转,哗啦一下,“花”就变了,变成了一幅全新的图案。如果你不停地旋转,筒里边五颜六色的“花”就接连不断地变化,简直无穷无尽。

万花筒给小诺贝尔带来了更多的“为什么”。最重要的一个“为什么”,就是里面的花为什么说变就变。

爸爸告诉他,这玩具利用的是光学原理,根据玻璃镜子的反射而制成。它由三面玻璃镜片组成一个三棱镜装进圆筒,再在一头放上一些各色的玻璃碎片或者彩纸屑,经过三面玻璃镜子的反射,就会出现对称的图案,看上去就像一朵朵盛开的花。

“棒!太棒了!是谁这样聪明,研究出这万花筒的呢?”小诺贝尔问爸爸。

“是谁发明了万花筒,爸爸一时也想不起来了,只记得是苏格兰的一位科学家[1]，他在光学研究领域很有建树。万花筒问世不久就传到世界许多地方，让许多小朋友爱不释手。”

“爸爸，路德维格和罗伯特没有告诉我，我们为什么能够进入镜子！”

爸爸告诉儿子，镜子的原理就是光的反射。当我们站在镜子前时，一部分光的微粒会从我们身上反射出去，射向镜子光滑的表面，再从镜面反射到我们的眼中，我们就会看见镜子里有我们自己了。“至于你所说的左耳朵、右耳朵的问题，就更复杂一些，等以后物理老师会告诉你入射角、反射角等知识。”

“哦，我不太懂。”小诺贝尔说，“可是我知道，玻璃的光滑一定很重要。墙壁不能够当镜子，鞋底不能当镜子，因为它们不够光滑。啊，爸爸，在没有玻璃之前一定没有镜子，对吧？”

爸爸说：“没有玻璃之前，已经有镜子了。4000 多年前，中国人把青铜板的表面打磨得平平整整、光滑溜溜，用来照模样，这就是青铜镜。有了青铜镜，人们就结束了把水当镜子照模样的历史。600 多年以前，意大利威尼斯城的人们在平滑的玻璃板上进行化学镀银，发明了玻璃镜子。这项发明不得了啊，镜子的质量发生了巨大的变化，照出来的人像格外清晰，一下子就轰动了整个欧洲。”

小诺贝尔听得多入迷啊。尽管爸爸讲的他还是不太明白，可是他对追寻“为什么”的答案的兴趣越来越浓。

---

① 1816 年，苏格兰物理学家大卫·布鲁斯特（1781—1868）发明了万花筒，次年取得了专利权。

爸爸走后，小诺贝尔做的第一件事，就是拿一把小刀给心爱的万花筒做了“开肠破肚”的手术。万花筒啊万花筒，虽然爸爸给我讲了你的构造、你的原理，可是你里面到底有什么？你怎么就这么神奇呢？我得研究研究！

他做得很小心，没弄坏什么，几分钟后，真相大白：一只空纸筒，三片玻璃镜，一撮彩色玻璃碎片，再加上两端的封盖。仅此而已。

“罗伯特，路德维格，你们来看看吧！”他叫来两个哥哥，说，“就是这些根本不起眼的玩意儿，能够完成轰动全世界的发明？那个苏格兰人也太会逗小孩啦！”

的确，望着这些“玩意儿”，小诺贝尔非常感慨。

“你说不起眼儿，”二哥路德维格说，“别人就是没发明出来啊！在人家之前，地球上就是没有万花筒啊！”

大哥罗伯特说：“发明家的伟大，可能就是先走一步吧！这一步，可能对我们所有的人都特别重要。就说水泥吧，重要不？就说螺丝吧，重要吗？电灯，重要吗？轮船，重要吗？”

路德维格抢着说：“线和布，重要不？没有线和布，你阿尔弗雷德就得光屁股！”

“如果没有了这些发明，”罗伯特接着说，“我们可能仍然是原始人！如果你，阿尔弗雷德，如果你在某一方面也先走一步，那么，你也是发明家了！你想想吧！”

诺贝尔后来曾经说，在他还是“小不点儿”的时候，大哥罗伯特说的这句话——先走一步就是发明家——留给他特别深刻的印象,大哥本人或许早就忘记了,可是他,毫不夸张地说,整整记了一辈子。

阅读思考

① 小狗拉奥利为什么能够起死回生呢?

② 为什么说发明家很伟大呢?

第四章　爸爸明天去俄国

10

诺贝尔的爸爸伊曼纽尔先生，像一尊复活的雕像一样，面对着东方的万顷波涛，伫立在斯德哥尔摩的海岸线上。

这个体格结实、活力四射而且胸怀远大的39岁的瑞典汉子，眉头时展时蹙，眼皮时挑时眯，他思绪飞扬，心潮澎湃。

每当有轮船驶向天际，他会在心里问一句：喂，朋友们，你们是去塔林[①]的，还是去赫尔辛基[②]呢？有没有再远一些，去俄国的都城圣彼得堡的呀？你们去做些什么呢？是不是也要为妻儿老小寻找奶油和面包，为自己的事业去寻求机缘和发展呢？你们都准备好了吗？

---

① 塔林：爱沙尼亚首都，临波罗的海。

② 赫尔辛基：芬兰首都，临波罗的海。

浪花滔滔。

鸥鸟翱翔。

“啊——啊嗨哟——”

伊曼纽尔不是歌手，可他也像那些歌手练声一样放开喉咙，作龙吟，仿虎啸，响彻云霄。

喂——朋友们，听着，伊曼纽尔告诉你们，有一个瑞典人，即将在俄国人中间创造奇迹！他在芬兰所过的倒霉的日子，马上就要被时间的利刃斩断了。你们等着瞧吧，他会在不久的将来让俄国人对他说：“哦，先生，您真棒！您顶天立地！”

伊曼纽尔回想他在芬兰度过的打拼日子，并不很后悔。虽然他在那儿坎坎坷坷，步步艰难；虽然他没能改变自己穷光蛋的窘况，可是他毕竟在图尔库[①]留下了一批彰显自己建筑风格的房子，那就是他的作品啊；他毕竟体验和了解了芬兰政

---

① 图尔库：芬兰第二大海港和重要工业基地，位于国境西南端海岸，波的尼亚湾畔。

界、商界的运作现状和黎民百姓的世态炎凉;他毕竟毅然决然地打定了与这个国度挥手拜拜的主意。在他看来,绚丽的曙光就在前面。

“爸爸!”

一声呼叫,把伊曼纽尔吓了一跳。

原来是小诺贝尔和妈妈来到了他的身后。

“爸爸,我们可找到你啦!”小诺贝尔抱住了爸爸的大腿。

“伊曼纽尔,你疯啦!”卡罗莱娜太太说,“我们到处找你,把老鼠洞都探过了,你却一个人躲在这儿发神经!”

“妈妈急得要报告警察哪!”小诺贝尔说。

伊曼纽尔把儿子抱起来,拿胡茬蹭小家伙的脸蛋儿。“报告警察?哈哈!伊曼纽尔穷,没人绑架;伊曼纽尔膀大腰圆,拳头像榔头,蠢贼算老几!”

“罗伯特和路德维格还在找你,也不知道他们去了哪儿!”妈妈说,“伊曼纽尔,你在这儿干什么呀?”

“我在这儿——欣赏风景啊!”

“这儿有什么好看的风景!”妈妈说,“还不就是一片海吗!”

“是啊,就一片海啊。”爸爸朗诵起来,“海风萧萧——波浪滔滔——啊——大丈夫年将不惑——我要——我要——”

“你要怎样啊,伊曼纽尔?”妈妈把小诺贝尔接过来。

“我要一步跨过大海,飞向……”

“你飞向哪儿啊?”妈妈问,“还去芬兰吗?”

“飞向俄国——圣彼得堡!”

“为什么呀?”小诺贝尔又来了,“为什么去俄国呀?”

“宝贝儿,”爸爸又把儿子抱过去,说,“爸爸要去那边挖金子!爸爸要让阿尔弗雷德背着带有铜拉锁的书包去上学!而且要让阿尔弗雷德穿上饰有银子花边的高腰靴子!对了,还要让阿尔弗雷德吃上熏鱼和夹肉的面包!”

“伊曼纽尔!”

妈妈望了爸爸一眼,说:“你说那么多干什么呀!”

妈妈的意思,小诺贝尔明白,她怕爸爸说了“过头话”。

“卡罗莱娜,”爸爸说,“伊曼纽尔主意已定,明天就去圣彼得堡!伊曼纽尔不会看错,启程的时间,不会等到后天的!”

“为什么呀?”小诺贝尔盯得够紧,接着问,“爸爸,看你那么坚决,为什么呀?”

爸爸说了四个字:“早就应该!”

小诺贝尔说:“那——我也去!”接着他又说,“妈妈也去!罗伯特和路德维格也去!拉奥利也去!我们都去!”

伊曼纽尔弯下腰,小声问道:“阿尔弗雷德,那你说说,为什么呀?”

小诺贝尔说:“爸爸一个人在外面太吃苦!爸爸在芬兰,衣服脏了没人给洗!肚子饿了吃不上热乎饭!妈妈叫你苦行僧!”

“爸爸谢谢阿尔弗雷德!”爸爸说,“可是呢,现在你们不能去圣彼得堡。为什么呢?因为现在爸爸还没有赚到钱,让你们去睡马路呀?让你们去喝西北风呀?那样,爸爸会难过的呀!”

小诺贝尔听懂了,“那——我们在家里等,可是要等多久呢,爸爸?我们会想你想得睡不着觉的!”

“我想……”爸爸说,“也不会等太久的。一旦爸爸有了好消息,会立刻给你们写信,把你们统统接过去。”

“那您今天来这儿干什么呢,爸爸?您总不是想钓鱼吧?”

“哦——对啦,”爸爸说,“爸爸来这儿除了想想心事,当然也想钓鱼。”

“你爸爸可会钓鱼啦!”妈妈说,“他在布龙斯湾钓过鱼,在梅拉伦湖也钓过,那是在他很小的时候。许多人都知道,伊曼纽尔智慧过人,他几乎没有什么不会做的事情!”

“是吗?什么事情都会做吗?”伊曼纽尔的国字脸上展露出灿烂的笑容,“亲爱的,伊曼纽尔一定朝着这样的目标努力!——好,爸爸给阿尔弗雷德钓条大鱼!——我马上就来!”

爸爸小跑着,到附近一家小店里租来一副带绞轮的鱼竿和一些饵食,下了钩子。小诺贝尔眼巴巴地望着漂儿,可是直到爸爸挪动了三四个位置,也没有一条鱼甩到岸上来。

“哦——我想起来啦!”爸爸忽然拍拍额头,哈哈大笑着收了鱼钩,说,“今天啊,鱼们不在这儿,它们都去圣彼得堡啦!”

“为什么呀?”小诺贝尔问。

“他们要开会研究一下,明天怎样欢迎瑞典客人伊曼纽尔先生的到来!”

小诺贝尔当然是不会相信了。他说:“爸爸别骗我啦!阿尔弗雷德今天晚上不吃鱼行了吧?”

“不,今天晚上,爸爸无论如何都会请阿尔弗雷德吃鱼!”

回来的路上,爸爸买了一条很大的三文鱼。回到家,爸爸亲自动手打理,下锅,让晚餐的气氛变得非常活跃。

11

晚餐之后,爸爸妈妈都忙碌起来。大哥罗伯特和二哥路德维格也在妈妈的吩咐下拿东找西。尽管爸爸一再说,这不用带那不用带,可是妈妈说,一个人过日子也是个家,没啥都不行。

“爸爸,”小诺贝尔蹲在爸爸旁边问,“您到底没告诉我,俄国那边有什么好东西吸引了您,让您非去不可!您昨天可连一条小鱼都没钓着啊!”

他担心爸爸的远行会落一个与昨天钓鱼一样的结果。

爸爸整理完行李就整理书籍,当然绘图用的许多工具也必须带上。

“大人的事情,就别老问啦——卡罗莱娜,再递给我一条粗一些的绳子。”爸爸把零星物件儿装进皮箱,再把皮箱拿绳子从外面加固。他无暇应付儿子的提问。“阿尔弗雷德,你就等着爸爸接你们过去得啦!用不了多久的。去睡觉吧,亲爱的宝贝儿……”

“爸爸，这个‘为什么’不是一般的‘为什么’。”小诺贝尔说，“如果您的决定不是正确的，如果去俄国并不比去芬兰更强一些，阿尔弗雷德和罗伯特、路德维格、妈妈、拉奥利，就应该把您拦住！大家不应该让您一步跨过大海，去什么圣彼得堡！”

这几句话，让伊曼纽尔变得郑重起来。阿尔弗雷德不过7岁，他小脑袋里想的问题已经很不一般了。

“阿尔弗雷德，”爸爸系好一个绳子扣，直起腰来，说，“看来爸爸有必要给你说一说。——嗨，罗伯特、路德维格，你们注意听一下，你们也要明白。”

爸爸告诉孩子们，现在，有一个非常好的机会摆在面前，那就是俄国正在跟德国、法国较劲，闹别扭。各国之间的事，打个比方，就跟人与人相处一样——有时候和睦，互相尊重；可有时候也不和睦，大个子欺负小个子，谁软弱谁就有可能挨打。所以，俄国目前把迅速发展工业，特别是军火工业，增强国家实力作为当务之急。经济的竞争就是人才的竞争，对于苦于英雄无用武之地的实业家、发明家伊曼纽尔来说，岂能坐失良机？机不可失，时不再来啊！

“宝贝儿，”妈妈问小诺贝尔，“你听懂了没有？你为你的‘为什么’找到答案了吗？你爸爸在咱们瑞典国内无法施展抱负，这里没人赏识你爸爸的才华，这就等于一颗珍珠埋在土里啦！爸爸的挫折太多了，白白浪费了许多时间和心力。到俄国去呢，比在芬兰更容易发展。相信吧，爸爸的决定不会错。让我们一起祝福爸爸，希望他张开无比强壮的翅膀，到俄国的蓝天上去飞翔!”

“张开比风车还强大的翅膀!”小诺贝尔竭力展开双臂,比画了一下。“好吧,罗伯特、路德维格,听我喊一、二,咱们祝福爸爸在俄国钓到大鱼! 一——二!”

三个儿子一齐喊:“祝爸爸在俄国钓到大鱼!”

“谢谢!”伊曼纽尔哈哈大笑,说,“爸爸在俄国,绝不是钓几条鱼的事! 爸爸谢谢你们的祝福。可是,爸爸也有爸爸的挂念,爸爸不放心你们啊!”

“为什么呢?”小诺贝尔问。

“爸爸走了,阿尔弗雷德最小,而且身体还不太结实,谁来照顾呢?”

“我!”11 岁的大哥罗伯特说。

“我!”9 岁的二哥路德维格也说。

妈妈笑微微的,不说话。

“我没事的,爸爸! 阿尔弗雷德不会累着别人的!”小诺贝尔说。

“那就好!”爸爸说,“还有,妈妈最累、最辛苦、最操心,那么,谁来关心妈妈呢?”

“我!”7 岁的小诺贝尔挥了挥小拳头。“我来关心妈妈!我最爱妈妈啦!”

……

“还有,”爸爸接着说,“明年,阿尔弗雷德就 8 岁了,8 岁,应该做什么呢,知道吗?”

“应该上学!”小诺贝尔说。

“真聪明啊，阿尔弗雷德！”爸爸说，“可是，如果爸爸不在家的话，阿尔弗雷德是不是知道听老师的话，是不是知道努力学习，做一个有模有样的好学生呢？”

“阿尔弗雷德知道！知道！”小诺贝尔又一次挥手，而且跺了跺脚。

夜里，阿尔弗雷德做了一个梦，梦见爸爸手执钓鱼竿，在海上追赶一条大鱼，就像牧人放马一样。爸爸能够在水面上疾走如飞，宛如滑冰，海风吹得爸爸的衣衫噼啪作响……

阅读思考

① 小诺贝尔的爸爸为什么要去俄国呢？

② 小诺贝尔为什么梦见爸爸在海上追鱼呢？

第五章 “问号篓子”老师夸

12

1841年,8岁的小诺贝尔依然羸弱多病,比起同龄人来,他的身材明显的矮小。有邻居说,是卡罗莱娜夫人在怀着小诺贝尔的时候缺吃少喝,营养严重匮乏,心情也差,就造成了这娃娃先天发育不良。

卡罗莱娜听见这样的议论,难免一阵阵心痛。

卡罗莱娜绝对称得上是一位出色的贤妻良母。她知道丈夫伊曼纽尔没日没夜地拼命干活,一心想把日子过起来;而罗伯特和路德维格,又都正处在长身体的年龄——餐桌上哪怕有一点点好吃的,她也舍不得送到自己嘴里。“你们吃吧,我吃过了!”“你们吃,我不太喜欢吃的!”卡罗莱娜哪里想到,这样做竟亏待了肚子里的宝宝呢?

关于自己儿时的体弱多病,诺贝尔后来(1851 年)曾经用英文写了一首400多行的自传诗,题目为《一则谜语》。诗中这样写道:

我的摇篮好像一张死床,
我忧虑的母亲啊!
多年看护在一旁。
尽管希望是那样渺茫,
她却要拯救这将要熄灭的微光。
我好容易才鼓起劲来,
吸吮几口乳汁充饥,
接着便是痉挛,疼痛,
几乎濒于死亡。
……

“阿尔弗雷德,告诉妈妈,你几岁啦?”妈妈问小诺贝尔。

“这还要问呀?阿尔弗雷德8岁啦!”小诺贝尔回答。

“8岁的阿尔弗雷德,应该做什么呢?”妈妈接着问。

“上学嘛!”小诺贝尔不假思索地回答。

“对喽,”妈妈说,“可爱的阿尔弗雷德该去上学了!”

“去年,爸爸临走的时候说过,阿尔弗雷德要做一个有模有样的好学生。可是妈妈,为什么一定要上学呢?”

为什么一定要上学,诺贝尔也要刨根问底。

“为什么一定要上学呢?让大哥罗伯特跟你说说吧!——罗伯特,给小弟弟讲一讲,为什么要上学!”

“上学可以学到许多知识呀。”罗伯特说，“爸爸上过学，妈妈也上过学，我和路德维格都在上学嘛。在学校里可以认识许多同学，和大家做朋友……”

“还可以学会做游戏，做体操！”二哥路德维格抢过话茬，说，“一二三四，五六七八！二二三四，五六七八！”他表演了一连串的体操动作。

“上学可以做手工吗？”小诺贝尔问。

“当然可以，”罗伯特说，“老师会教学生怎样做手工。你不是最喜欢做手工吗，那就好好露一手吧！”

小诺贝尔显得很兴奋，因为他确实非常喜欢做手工。

“阿尔弗雷德到哪儿上学呢？”小诺贝尔问妈妈。

“就跟着罗伯特和路德维格两个哥哥一起走。”

“是自己走！而且要快走！”路德维格拍拍自己的大腿，强调说，“不可以慢慢腾腾的，迟到了要被老师批评的！”

“阿尔弗雷德不会慢慢腾腾的，”小诺贝尔说，“不会迟到！”

妈妈把小诺贝尔送进了斯德哥尔摩市圣雅各布高级卫道士小学。

这是一所誉满全城的学校，师资条件好，收费当然也高。爸爸已经在一年前去了俄国的圣彼得堡谋事,妈妈就做了主。她想的是,宁可勒紧裤带过日子,也要让孩子们受到最好的教育。

由于年级的不同,小诺贝尔不与哥哥们同班,妈妈亲自把他带到学校,交给了老师,说了许多关于孩子体弱、拜托之类的好话。

小诺贝尔走进集体生活,看啥啥新鲜。别看他沉默内向,甚至有点木讷,可是问起问题来还是“没完没了”。每当老师讲完课,问大家还有什么问题,小诺贝尔几乎总是最先喊“报告”。

“老师,我们瑞典的国境线弯弯曲曲的,难道就不可以拉直一些吗?”有一次,小诺贝尔指着地图问老师。

老师肯定遇上过许许多多的提问,却头一回遇上“可不可以拉直国境线”的问题。后来,许多年,圣雅各布高级小学流传着一个“小诺贝尔之问”,就是关于可不可以拉直国境线的问题。

“嗯……阿尔弗雷德……”老师开动脑筋,飞快地想了想,说,“国境线的问题,比较复杂,有的是根据地形地貌来决定的,比如山啊,河流啊,湖泊呀,海洋啊;有的是从古时候就划定了,一代一代沿革下来。你说拉直,”老师摇摇头,“这应该是不可能的。”

“可是,”小诺贝尔不想就此打住,问,“那么古时候为什么不拉直呢?一代一代,把弯弯曲曲的国境线沿革下来,很难画的呀……”“你‘可是’什么呀!”小诺贝尔的同桌插上来,这大个头的男孩可能是憋着一泡尿,或者急着回家享受盼望已久的生日晚餐，于是摆出一副很不耐烦的样子，“就你成天傻问，瞎问，没完没了地问！为什么为什么为什么，地图是政府印出来的，能错吗？什么拉直呀？你以为国境线是一根细毛线、一条烂绳子啊？全班同学都知道你是个小白痴！”

有几名同学就起哄地笑起来。

“你们……你们为什么笑我？”小诺贝尔被呛了一下，不服气地还击道，“你才是小白痴！你是！”

“如果任何事情都要加上一个‘为什么’，”另一个同学说，“那么，我们‘为什么’不笑你呢？你这个‘问号篓子’，我们又不是白痴！”

几乎全班都在哄笑，小诺贝尔非常气愤，却不知道该怎样进行有力的反抗。

“我们的抬杠专家‘为什么’老实了？”有人趁机说风凉话，“是不是问号篓子的舌头被‘拉直’了？”

“请安静！同学们安静！”

老师拿教鞭敲打着讲桌，说：“阿尔弗雷德·贝恩哈德·诺贝尔同学不是白痴，他是个非常聪明的学生，大家不可以嘲笑他！如果你们一定叫他‘问号篓子’，我看这不是个贬义的外号！”

班上这才渐渐安静下来。可是同桌没忘记朝小诺贝尔做了个鬼脸。

老师接着说：“阿尔弗雷德，请你记住，你喜欢问问题，这没有错！即使你所问的问题在别人看来非常简单，简单得不值得一问,这也不是你的过错!伟大的先哲亚里士多德[①]曾经说过:‘求知,是人类的本性。’”

班上顿时格外安静。小诺贝尔的同桌面红耳赤,个头矮下去一大截儿。

“同学们,请和我一起叙述三遍,‘求知,是人类的本性!’——二!”

“求知,是人类的本性!求知,是人类的本性!求知,是人类的本性!”

小诺贝尔觉得,这样的童声才是世界上最美的声音。

“老师啊,”小诺贝尔长长地叹了一口气,沉重地说,“阿尔弗雷德太无知了!”

“好啊,好!”老师分明竖了一下大拇指,朝前挥了一下手臂。他从讲台上走下来。“阿尔弗雷德,老师欣赏你这句话!”

教室里那么安静,没人知道老师接下来要做什么。

老师一直走到小诺贝尔旁边,在小诺贝尔的一个本子的空白页上写了这样一句话:

“能够时时感到自己无知的人,知识才会一步步向他走来。”

“阿尔弗雷德,请你把我写的话读给大家听,好吗?”

小诺贝尔眼含泪水,把老师的这句赠言朗读了三遍……

在手工劳动课上,老师布置了家庭作业:同学们独立完成

---

① 亚里士多德(前384—前322):古希腊斯吉塔拉人,世界古代史上最伟大的哲学家、科学家和教育家之一;是柏拉图的学生,亚历山大的老师。

或者合作完成，平均每人做一样文具或者玩具来，要求尽量做得精致一些。

手工劳动是小诺贝尔特别喜欢的课程，他邀请了同桌和其他几位小朋友，来到他家里，在他的指导下，每个人都制作了一个万花筒。

这次手工劳动，震动了全校。据老师讲，以往的手工劳动从未有过这样的作业完成，同学们都说，学会了制作万花筒，比会背诵一首诗更快乐。小诺贝尔因此收获了友谊的果实。过去，他因为体弱多病不太受伙伴们的欢迎，现在呢，他因为心灵手巧而且懂得多，成了大家的“香饽饽”。

13

得到了老师的夸奖，小诺贝尔受到了巨大的鼓舞。他虽然有时候因为生病而缺勤，功课却依然名列前茅。如果某个同学有疑问，他会不厌其烦地给予他帮助。

在诸多的科目中，小诺贝尔的语文成绩更为突出，他堪称优秀的作文，尤其让同学们羡慕。老师布置过一个题目《我的一天》，小诺贝尔竟写了十篇《我的一天》，一个系列，副标题都是“——我跟妈妈去拾秋”。他在作文里回忆了自己“小时候”去郊区捡庄稼的经历，特别是对于那一个又一个“为什么”的解答，被老师评价为“叙述得妙趣横生”。

在以后的日子里，小诺贝尔向老师请教了许多问题。他除了备有相关科目的作业本，还有另外的本子，专门记录他自

小诺贝尔有一肚子话要讲给远在俄国的爸爸听。比如，在学校里，他原来没有一个好朋友，而且被嘲笑为“问号篓子”和“小白痴”。通过努力，现在他已经有七八个最好的朋友了。

名家名言

人生最大的快乐不在于占有什么，而在于追求什么的过程中。

名家名言

我的理想是为人类过上更幸福的生活而发挥自己的作用。

己的许多“为什么”。

当他从学校回到家,与两位哥哥谈论起声、光、电等方面的一些话题时,常常让哥哥们感到吃惊。而他向哥哥们提出一些问题时,常常让哥哥们支支吾吾地“挠脖颈儿”。

“如果爸爸在家,”妈妈说,“他一定会为阿尔弗雷德的进步高兴的!”

“是啊,爸爸或许会给臭美的小家伙某种奖赏呢!”二哥路德维格说,“我们的校长也知道,一年级有个阿尔弗雷德,肚子里装满了各种各样的问号。”

“我们可以写信告诉爸爸。”大哥罗伯特说,“能够获得老师亲笔写下的评语,而且是夸赞的评语,谁不羡慕!”

小诺贝尔一听就来劲了:“对,我要给爸爸写信!”

“写吧,宝贝儿,”妈妈说,“爸爸收到阿尔弗雷德的信,会比喝一杯伏特加①更高兴的!”

小诺贝尔铺开纸,握住笔,请妈妈看看自己坐得是不是端正。他觉得,给爸爸写信如果不坐端正,那就不够爱爸爸。

妈妈说:“阿尔弗雷德真懂事,坐得非常端正。”小诺贝尔说:“好,阿尔弗雷德开始写信啦!”

小诺贝尔有生以来第一次写信,而且有妈妈和两个哥哥在旁边,难免有点儿紧张。他请求妈妈和哥哥们离开,让他自己慢慢写。

他觉得,有一肚子话要讲给爸爸听。比如在学校里,他原

---

① 伏特加:是以谷物或马铃薯为原料,经过蒸馏制成高达95°的酒精,再用蒸馏水淡化至40°~60°的一种酒。俄罗斯是生产伏特加酒的主要国家。

来没有一个好朋友,而且大家都嘲笑他是“问号篓子”和“小白痴”,可是现在,已经有七八个最好的朋友了,其他的人虽然够不上最好的朋友,也都是不错的好同学。比如在最初的一个星期里,他被同桌气哭过两次,现在呢,同桌不再气他,而且把炒豌豆和醋栗送给他吃。比如,自己所有的功课和德行评定,都获得了最高分。在全校82名学生中,得过同样最高分数的,只有另外两名学生。比如自己的作文常常被老师拿红笔标出一些精彩的部分,还常常被老师当范文念给全班同学听。比如他跟两个哥哥上街卖过三次火柴,赚钱买来面粉、盐巴等五样好东西。比如他竟有20多天没咳嗽,没用打针,也没吃药……

> 亲爱的爸爸:您好啊!
>
> 阿尔弗雷德现在给您写信。阿尔弗雷德和妈妈和大哥和二哥和小狗拉奥利,我们都特别想您。可是我不知道,一封信怎样才能飞到您的手里。斯德哥尔摩离圣彼得堡好远,而且隔着波罗的海……

信写完了,手指头被笔硌得好疼。二哥路德维格问他,可不可以让全家人看一看?阿尔弗雷德捂住信纸,说:“不!”

“为什么呢?”路德维格问,“路德维格要问一问‘问号篓子’,不给我们看信,为什么呢?”

“因为……”阿尔弗雷德红着脸说,“我不会……写信。”

“请阿尔弗雷德再说一遍好吗?”显然,二哥弦外有音。

小诺贝尔虽然有些腼腆,可是听了这话,就鼓起了勇气,说:“好吧,看就看吧!”

妈妈抚摸着小诺贝尔的脑瓜，说：“阿尔弗雷德真棒啊，叫哥哥们看看，校正一些格式或语法的错误，这是多么必要啊！”

果然，大哥和二哥给小诺贝尔提出了一条又一条的建议。小诺贝尔觉得大大地丢了脸，简直白白地浪费了一个多小时，他差点儿“翻脸罢工”。

罗伯特说：“能够时时感到自己无知的人，知识才会一步步向他走来。难道阿尔弗雷德以为自己已经会写信啦？难道阿尔弗雷德愿意让爸爸看到一封要笑掉大牙的宝贝家书吗？”

小诺贝尔恍然大悟，他说：“好，阿尔弗雷德重新写！”

……

这个晚上，他梦见爸爸读他的信啦。爸爸面带笑容，帽檐下面插着一支绘图铅笔，而且脚边还有小狗拉奥利在摇尾巴。爸爸的桌子上，除了图纸、丁字尺、圆规、铁镇纸……还有黑面包和因为压碎而价钱明显便宜的饼干。爸爸的眼睛盯着的是信纸，而不是图纸。“写得好啊，写得好！”爸爸夸赞说，“阿尔弗雷德为什么这么优秀呢？哈哈哈，因为阿尔弗雷德天生就非常优秀！”

阿尔弗雷德笑醒了。

他问妈妈：“我的信什么时候能够寄到爸爸手里呢？”

小诺贝尔天天盼望着爸爸的回信，可是一个多月过去了，连一个字也没等着。爸爸自从只身去了圣彼得堡，只来过一封信,文字非常少,只说是他“平安到达了,勿念”。

妈妈说,爸爸工作特别忙,没有时间写信,大家都要安心地等待。小诺贝尔问:“我们就不可以去看望一下爸爸吗?”

大哥罗伯特和二哥路德维格当然也非常想去看看爸爸,可是妈妈说:“不,我们要等爸爸的意见。”

阅读思考

① 老师以亚里士多德的哪句话鼓励小诺贝尔的勤学好问?

② 小诺贝尔为什么能把哥哥们问得“支支吾吾”呢?

第六章　粗风暴雨芬兰湾

14

这是1842年10月初的一天，小诺贝尔放学回家，一进门就发现妈妈的脸上挂满了笑容。

“妈妈，”小诺贝尔仰望着妈妈的眼睛，问道，“是不是房东奶奶已经答应给我们减少一些房租啦？”

最近几天，妈妈正在与房东奶奶商量延期租房。罗伯特跟妈妈说，他的一名同学家租住的房子，比我们家租住的更便宜，他提醒妈妈，不要忘记向房东奶奶要求一下，适当地把房租往下调一调。

“不是的，宝贝儿，”妈妈说，“我们不再和奶奶谈房租了，我们不必再租房子住啦！”

“我可不愿意去睡花园里的石头凳子！”小诺贝尔说，“更不愿意像爸爸说的那样,拿一根钉子把自己挂在墙上睡!”

爸爸常常说,人生在世,必须努力劳动,积极创造财富,一辈子都买不起房子的人,最好学会拿一根钉子把自己挂在墙上睡觉。

“阿尔弗雷德,”妈妈把一个最好的消息说了出来,“你爸爸来信啦,爸爸要我们搬到圣彼得堡去!”

“哇——”

小诺贝尔一听就跳起来,因为这是他梦寐以求的呀。

“太好啦！太好啦！妈妈,哥哥们知道了吗？我不知道他们谁会第一个乐死！——妈妈,我们马上就走吗？我的数学作业本还在老师那里！吉尼卡的红蓝铅笔我得还给他！丘姆莱格跟我说,明天晚饭后请我给他列出几个‘喜欢’的反义词,不能少于四个……”

“阿尔弗雷德,”妈妈说,“别急,别乱,每一样事情,都要安排好。你和哥哥们要祝福老师和同学们平安,要和大家说‘万事如意’,‘后会有期’等等!”

“好,好,我会的。可是妈妈,我还是不知道去了圣彼得堡我们住在哪儿!”

“宝贝儿放心,爸爸已经在那边买了别墅,而且有了咱们自己家的工厂。”

“爸爸好厉害哟——了不起的伊曼纽尔先生钓到大鱼啦——哇——”小诺贝尔像驴驹子似的蹦起来。

想一想以往的苦日子,全家人个个心花怒放,卡罗莱娜笑眯眯地望着三个儿子雀跃欢腾。

偏偏下了几天雨，显然，这对搬运行李很不方便，所以一家人不得不耐下性子来等待。小诺贝尔把即将搬家的好消息告诉了老师和同学，把所有的事情都料理得清清楚楚，接下来，他就天天盼望出太阳了。他的小手把那张欧洲地图都摸脏了："从这儿，到这儿，再到这儿，然后到这儿，再到这儿，最后……"

如果不是妈妈坚持晚上要打开行李睡，小诺贝尔就想靠着捆牢绳子的铺盖卷儿睡觉。他向罗伯特和路德维格提出一大堆难以回答的问题，比如爸爸在圣彼得堡的房子有多少个电灯开关，比如爸爸的早餐是不是有中国出产的红糖，比如爸爸养没养鹦鹉、猫咪和巴儿狗……二哥路德维格说："你呀，问也是白费唾沫，到了圣彼得堡，什么还不明明白白？"

10 月 21 日，冷雨初停，太阳终于懒洋洋地露了脸，可是天空的绝大部分仍然被丝丝缕缕的乌云占据。这天，正是小诺贝尔的 9 岁生日。"妈妈，我们走吧！"他实在憋不住了，"爸爸怕是早就急得嗓子冒烟啦！"爸爸有个小毛病，一着急上火，就会闹嗓子。

罗伯特和路德维格也同意走。妈妈拍板说：

"走！"

"再见啦，斯德哥尔摩！"

"再见啦，圣雅各布小学！"

母子四人手提肩扛，带上行李和杂物，匆匆来到港口，坐上了开往圣彼得堡的轮船。

15

满载乘客的轮船鸣笛起锚,冲开波浪,在波罗的海上向东航行。斯德哥尔摩在小诺贝尔的目光里渐渐地远去了。

小诺贝尔第一次坐轮船,真是看啥啥新鲜。

妈妈则一再警告三个儿子,特别是警告小诺贝尔,千万别四处乱跑,要认真看好行李。小诺贝尔把装了小狗拉奥利的纸箱增加了几个透气孔,对着小孔说:“拉奥利呀,你可不要四处乱跑,你就乖乖地待着吧!我们离开了一个家,另一个家可还没找到哩!”

罗伯特说:“我们要走很久的,睡着了就容易丢东西!小孩子也不例外!”

“可是妈妈,”小诺贝尔知道大哥的弦外之音是对着他的,“让罗伯特和路德维格好好看着行李和干粮。阿尔弗雷德想看看波罗的海,芬兰湾!”

妈妈说:“你能向我保证什么呢?船上这么多人,哪国人都有,你稍不小心就把自己丢了!”

“你们不要动嘛,”小诺贝尔说,“我保证回来能够找到你们!”

“你不可以到船舷边上去!”

“我保证!”

小诺贝尔按捺不住兴奋,看看这儿,看看那儿,从船舱跑到甲板,从船尾跑到船头。直到轮船驶入芬兰湾,他也没像其他旅客那样打一打瞌睡。妈妈问他饿不饿,他说不饿。他觉得坐船很美,他想,如果没有船,人怎么可能在海洋上行走,而且行走得这么远呢?他问妈妈鱼为什么不会淹死;问妈妈海鸥的家在哪里;问妈妈要走多久——很久是多久——才能到达圣彼得堡……

“妈妈,我爸爸14岁就坐轮船出远门,是吗?”他想起了爸爸的童年。

“是啊,你爸爸从小就当水手,去过许多地方。他说他去过——我算一算,他去过马赛、巴塞罗那、的黎波里,还有耶路撒冷,还有大马士革,卡坦扎罗……除了欧洲人,他还见过亚洲人和非洲人。他跑遍了地中海沿岸,去过远东。他喝过海水,生吃过活鱼,曾经被海风吹上天,跌下海。说到底,你爸爸受了许多罪,有过好多次的死里逃生啊。”

“那他为什么不上学呀?14岁,比大哥哥才大一岁,不应该去打工呀!”小诺贝尔问。

“他可能是……不太愿学习吧,他可能跟他的宝贝儿子阿尔弗雷德不太一样,阿尔弗雷德对学习有着特别的兴趣!”妈妈摸摸儿子的小脑瓜。

“为什么那么小不点儿就跑那么远呢?”

“也就是找饭吃吧!你爸爸是个特别聪明的人,身板也结实,不怕吃苦,他说那些磨难反倒强壮了他的筋腱和骨头。”

“我爸爸坐的轮船很大吗?有没有我们现在坐的这艘船大呢?”

妈妈不能回答儿子的提问，旁边一位头发花白的老爷爷接了话茬，他说：“我估计，你爸爸乘坐的不是轮船，应该是比较大的帆船。”

小诺贝尔看看老爷爷，这是一位斯斯文文的长者，胡子和眉毛都白了，面目非常和善。老爷爷旁边坐着一位老奶奶，老奶奶戴一副银边眼镜，神态特别慈祥。

老爷爷告诉小诺贝尔，美国有一位发明家叫富尔顿[①]，在1807年发明了轮船“克莱蒙脱号”，从纽约开到了达奥尔巴尼。这事到今年也不过30多年的历史。小诺贝尔算了算，是啊，爸爸做儿童的时候，瑞典也可能真的还没有造出轮船。究竟爸爸坐的什么船呢，等问问爸爸就知道了。

卡罗莱娜问了问老爷爷，得知老爷爷和老奶奶都在乌普萨拉大学[②]任教，去赫尔辛基看望一位身体不太好的老朋友。小诺贝尔对老爷爷格外尊敬，他想问老爷爷许多问题。

“老爷爷，您说，铁比水重得多，我们的船为什么就不会沉到海底呢？”

让小诺贝尔和妈妈都没想到的是，这话刚刚问出口，没等到老爷爷做出回答，对面一名戴了黑皮帽子的壮汉就挑起了高腔：

“你这混账东西怎么说话哪！大家为什么不一脚把你踢下海，喂了鱼呢？”

小诺贝尔从未见过这样粗暴的人，他完全不知道自己犯

---

① 富尔顿(1765—1815)：美国人，工程师，发明家，轮船的发明者。

② 乌普萨拉大学：瑞典一所公立大学，位于乌普萨拉省省会乌普萨拉市。

了什么错,顿时一脸的茫然。

“你这小乌鸦嘴,晦气鬼!”黑皮帽子好像不解气,凶狠地瞪着小诺贝尔,呵斥道,“嘴巴里喷粪!”

“先生,请您……”妈妈想对黑皮帽子说什么。

老爷爷插话说:“他不过一个小孩子,不谙世事,我们就不要责备他嘛!”

黑皮帽子不断地说着“喷粪”,教授先生也就不再劝说或者不屑劝说,独自闭目养神去了。

大哥罗伯特跟妈妈和路德维格使个眼色,意思是:“我们走开吧!”

一家人谁都不再吱声,分头默默地提上行李,放弃了座位,从船舱来到了甲板上。

“你总是胡乱问!”路德维格抱怨小诺贝尔,“你就是不懂得吉利的重要!吉利,懂不?坐在船上怎么可以说沉船呢?”

小诺贝尔刚想解释或者争辩,就看见对面一名身材特别瘦小、脸庞特别污秽的驼背人,以单腿跪着吹笛子。显然,那是个乞讨的流浪汉。

“妈妈,我们可以给他一些燕麦饼吗?”

“你急什么!”路德维格说,“等他把曲子吹完了。”

小诺贝尔完全不知道流浪汉吹的是什么曲子。流浪汉吹完以后,喜欢把他的笛子在空中抛一下,让笛子旋转一个花,接在手里继续表演。可是不巧,一阵风,把他的笛子刮落,砸在了一个人的脚背上。小诺贝尔一看,不好啊,被砸脚背的正是黑皮帽子。

叭！黑皮帽子的拐杖打在流浪汉的头上。随即，他的拐杖挑起流浪汉那顶撂在地上，盛了几张纸币的破帽子，让它飞上了天。破帽子在许多人的目光里，被风刮落到船舷之外。

“谁愿意替我揍他一顿，有赏！”黑皮帽子拿拐杖朝大家划了半个圈子说。

围观的人只是望着黑皮帽子，没一个人响应。

“我真是怕脏了我的拐杖啊！”——叭！又一下，拐杖打在流浪汉的肩膀上。“上帝让我受累，耐着性子教训你这个无知的畜生！”叭！——第三下，又打在流浪汉的头上。

鲜血慢慢地穿越流浪汉脏乱的发丛，淌到额角，像一条红色的僵虫。

流浪汉或许已经麻木，他居然没有愤怒，只是连连磕头求饶。

“伯伯，你不能打他！”小诺贝尔上前对黑皮帽子说，“他出血啦！”

“哟，是你？”黑皮帽子说，“难道让我来打你吗？我没揍你这小乌鸦嘴呢，你还想怂恿我？”黑皮帽子已经扬起拐杖来。

“阿尔弗雷德！”妈妈大喊了一声，一把将小诺贝尔拉开。罗伯特和路德维格挺身上前，站到妈妈的前面。

“我们没惹你，”罗伯特对黑皮帽子说，“你凭什么打人？”

路德维格说：“我弟弟不过劝了你一句，他有什么错吗？”

小诺贝尔不服气地说：“欺负人啊，如果我会武功，或者会法术……”

黑皮帽子没有被母子四人吓住，他那飞扬跋扈的气焰毫无收敛。他放弃了小诺贝尔一家的目标，继续盯住流浪汉。尽管有不少人说算了算了，他还是逼着流浪汉匍匐在地，分别吻了他的左脚和右脚，事情才算收了场。

没人能够明白，脚被人吻过以后，有什么高贵，可是小诺贝尔却从此记住，一个人没足够的力量就无法制止他人的邪恶。以非常的强大来遏止战争狂人的轻举妄动，成了诺贝尔一生致力于研究高级炸药的目的之一。

一股很强的冷风，一团浓黑的云，忽然就下起了大雨。

甲板上顿时就乱作了一团，人们呼喊着，纷纷逃往船舱。卡罗莱娜叫上三个儿子，回船舱躲避。小诺贝尔看见，无遮无拦的流浪汉，压根儿没跑，他蜷缩在一个黑色铁桶的旁边，愈加瘦小，像自家上次犯病，差点死掉的小狗拉奥利。小诺贝尔跑过去，把一块被雨打湿的燕麦饼递给他……

阅读思考

① 小诺贝尔怎么就惹到了黑帽子呢？小诺贝尔有错吗？

② 是善良的小诺贝尔的__________心，支配他把燕麦饼递给了流浪汉。

第七章　小兔子闯进萝卜园

16

轮船响过两声汽笛，缓缓停泊在俄国的圣彼得堡港。

小诺贝尔跟着妈妈、大哥和二哥，手提肩扛着行李包裹，随着熙熙攘攘的人流奔上码头。虽说异国风情让他目不暇接，可是他顾不上欣赏，他急着寻找爸爸的身影。

忽然，一个身材魁梧、衣冠整齐的男子，戴着鬼脸面具，闪现在他们面前，大声吆喝道：

“喂——喂——维哈洛什，达拉过耶！”

卡罗莱娜和她的三个儿子都不知道这人在喊什么，小诺贝尔担心会遇上强盗，抓紧了妈妈的胳臂，扽一扽，小声说：“拐弯！拐弯！快拐弯！”

“维哈洛什，达拉过耶！——哈哈哈！”

那男子一边朗声大笑，一边把面具摘下开，哇，原来是亲爱的爸爸！

母子四人和伊曼纽尔紧紧抱成了一团。

妈妈激动地哭泣起来，又赶紧拿手帕擦眼泪。

爸爸安慰妈妈道："亲爱的，感谢时间把昨天给送走了。你看看，圣彼得堡的天空多蓝啊！"

小诺贝尔看看天空，觉得也并不比斯德哥尔摩的天空更蓝多少。可是他知道，更蓝的是一家人的好心情。

爸爸依次亲密地拍打过罗伯特、路德维格和小诺贝尔，说："爸爸谢谢你们，谢谢你们帮助了妈妈！走吧，我们租用的马车在那边。我知道，你们一定舍不得把行李和杂物免费送给斯德哥尔摩，所以我雇的马车是两辆。其实啊，你们带来的这些宝贝已经不重要了！"

小诺贝尔把小狗拉奥利从纸箱里抱出来，与爸爸、妈妈同乘一辆马车。罗伯特和路德维格坐在载着行李的马车上。

"哒哒"的马蹄声，节奏鲜明地响起来。穿越到人流密集地段，马车夫高擎着鞭子，"驾嗬驾嗬"地吆喊着，马车便加快了速度，车尾一翘一翘地驶上了长街。

小诺贝尔问爸爸:“爸爸您刚才说……维哈……洛什,达拉……什么的,是什么呀?”

爸爸说:“是问候你们呀！‘你们好啊,亲爱的!’没听懂吧? 维哈洛什,达拉过耶——这是俄语。”

“我们以为一到俄国就遇上了强盗,”妈妈把小诺贝尔揽在怀里,防止他掉下去,说,“阿尔弗雷德吓得拉着我说,‘拐弯！拐弯!’”

“以后,”爸爸说,“我们都要学会讲俄语,不然,我们在圣彼得堡就成了聋子和哑巴!”

“爸爸,我不想当聋子,不想当哑巴!”小诺贝尔兴奋得小脸通红。他把爸爸的鬼脸面具戴在脸上,说:“我要和罗伯特、路德维格比赛,看看谁俄语学得好!——爸爸,我给您写信,报告阿尔弗雷德所有的功课以及德行的评定,都获得了最高分。可是,您没给我们回信呀!”

“噢……噢……”爸爸一连“噢”了好几声,才说,“上帝作证,爸爸不但写了回信,而且写信之后,还高兴得喝了半瓶伏特加！爸爸曾经说,好儿子啊,好宝贝儿,爸爸祝贺你啦！可是……”

“可是,上帝作证,卡罗莱娜太太、罗伯特先生、路德维格先生和阿尔弗雷德同学,还有拉奥利小狗,都没有见到那封回信!”小诺贝尔说,“难道它,落在波罗的海里了?”

“它落在,噢……噢,落在伊曼纽尔先生的抽屉里啦!”爸爸说,“非常抱歉,伊曼纽尔整天忙得脚后跟踢破屁股蛋,一时不慎,把信夹在了许多纸页之间,就以为它已经寄出去啦!

抱歉抱歉！这信啊……”

“爸爸，‘信’——俄语！”

“皮西莫！”

“爸爸，这里就是圣彼得堡，‘这里’，‘这里’——俄语！”

“滋结西！”

“‘父亲’——俄语！”

“阿结茨！”

“‘老师’——俄语！”

“乌契杰里！”

“这里不是斯德哥尔摩，‘不是’。‘不是’——怎么说呢？”

“‘不是’——‘乜’！”

“‘万花筒’，‘万花筒’怎么说，爸爸？”

“哎哟，万花筒……宝贝儿，你可把爸爸考住啦，爸爸不会说‘万花筒’！让我想想，是不是可以说成‘里面有许多许多花的筒子’呢？爸爸真的拿不准啦！等爸爸跟你一起学吧！”

可能因为载重量不大，马车非常轻快，哒哒的马蹄声密集得像敲军鼓。小诺贝尔没注意一共拐了几个弯，就到了爸爸的驻地。一路上，他学会了25个单词的发音。而且，他的“卷舌音”发得非常标准，好听。

马车在爸爸的别墅大门前打了闸，一家人下车搬东西。小诺贝尔对两位哥哥说：

“科，那沙西米亚！（到啦，我们的家！）科，那沙西米亚！”

罗伯特和路德维格听了,你望望我,我望望你,果然都成了“聋子”。

“你——你说什么哪?”大哥问他。

“什么‘西米亚’呀?”二哥问他。

小诺贝尔就嘻嘻地笑,“到啦,我们的家!”

爸爸对大儿子和二儿子说:“罗伯特、路德维格,你们俩听着:刚才,在马车上,阿尔弗雷德一口气学会了二三十个俄语单词,而且大体知道了名词的变格和动词的变位。不光这些,他把爸爸考住啦——爸爸不会用俄语说‘万花筒’!注意,小家伙要挑战你们,要和你们俩比试比试,看看谁俄语学得快!”

罗伯特和路德维格都是非常聪明的孩子,也都有很强的上进心。罗伯特说:“我应战!”

路德维格说:“我也应战!”

然后,路德维格又问爸爸:“俄语好学吗?比我们的瑞典语怎么样呢?”

“这要我怎么说呢?先卸车吧,孩子们!”爸爸说,“学习俄语,应该只争朝夕,又不是一朝一夕的事。任何一个国家的语言,都是非常丰富而且优美的。有的人,活了一辈子连母语都说不好,逻辑混乱,结结巴巴,遣词造句贫乏苍白,实在对不住老祖宗。——卸车!先卸车吧!卸完车,好好歇一歇,如果困了,先睡上一大觉!”

17

小诺贝尔真想三天三夜不睡觉啊——从记事以来，全家就流离辗转，租房住，现在有了自家的别墅，再也不用发愁房租啦！而且，这别墅多宽阔，多舒适啊！连小狗拉奥利都可以分到一间用桦木板和防雨布搭起的“介”字形小屋，它臭美得打喷嚏、摇尾巴。别墅里设备齐全，小诺贝尔数了数，里里外外的电开关多达24个，而在斯德哥尔摩，所有开关加起来也不过5个。在这儿，爸爸有自己的工作室，瞧瞧那张大桌子，简直可以给阿尔弗雷德当床铺睡！桌子上没有黑面包，也没有那种因为压碎而价钱明显便宜的饼干。爸爸为大家准备了一张六角形餐桌，而且为每个人都准备了一把铺着织花坐垫的水曲柳椅子。

“你们要感谢爸爸!”卡罗莱娜太太说，“是爸爸，以百倍的辛苦劳动收获了成果，让我们大家有吃有穿有住处。现在，你们最要紧的是学习。你们应该知道，爸爸从14岁起上船，当了3年水手，哪里受过多少正规教育？可是他爱学习，肯钻研，现在，他是建筑家、工程师，是发明家。爸爸早就说过，人生在世,必须努力劳动,创造财富,一辈子都买不起房子的人,最好学会拿一根钉子把自己挂在墙上睡觉。你们看看,爸爸百折不挠,他的志向终于变成了现实……”

爸爸听着,频频点头,不知是回忆,还是思考,反正一副想得很深很深的样子。

“爸爸,”小诺贝尔皱着眉头想了好一会儿,才把一个非常想问明白的问题提出来。“我觉得,我们的别墅和……和过好日子,一定要花许多许多钱吧?”

“是啊,”二哥路德维格附和说,“我也觉得,爸爸一定花了好多钱!是不是借了许多债呢?”

妈妈望着爸爸,也在等候一个重要答案的揭晓。

爸爸说:“阿尔弗雷德和路德维格问得好啊,大家都应该知道,就算上帝爱每一个人,他老人家也从来不曾往下扔过免费的馅饼啊!”

晚上,吃过饭,伊曼纽尔一边喝茶,把将近两年的创业经历告诉了妻子和三个孩子。他说——

对任何人来说,机遇都是非常重要的——当然,你必须有足够的能力把这个机遇利用起来,否则,再好的机遇也只能白白错过。

同样是地雷和水雷的发明,用以阻挡从陆地或海洋前来进犯的敌人,这对加强国防来说多么重要!这等于不吃饭不喝水不领军饷的部队呀!我曾经把这成果呈现给我们瑞典的当局,然而,他们对这项成果居然不感兴趣,不理睬我,在那儿我伊曼纽尔就真是英雄无用武之地啊。可是,我一来到圣彼得堡,在俄国政府的军事要人面前做了几次成功的演示,结果呢,人家俄国佬就如获至宝。“哈拉硕!维西麻哈拉硕!维西麻哈拉硕!”

“好!非常好!非常好!”小诺贝尔当起了翻译。

“对,就是非常好!爸爸从而获得了一笔数目可观的奖金。你们想啊,有了这笔钱,爸爸是不是就更来劲了!过日子没有了后顾之忧嘛!造产品,搞实验,也有了资金垫底儿啊!那就甩开膀子大干吧!就今年,爸爸成为一家车轮铸造厂的老板之一。我们这个厂子,除了制造地雷和水雷,还制造诺贝尔型轮轴切削车床,制造炮车和大机床。现在,我们正在制造中央暖气热水管,这也是以你们的爸爸伊曼纽尔先生的设计为基础制成的。我们所有的产品,销路广,零库存,我们是顺风顺水好行船啊!”

“为爸爸鼓掌!”妈妈说,“祝爸爸永远一帆风顺!”

爸爸却摇摇头,说:“永远——那可不敢说。世界上一切事物都在变化,虽不能说是瞬息万变,也绝不可能一成不变!谁也不能保证自己是常胜将军啊!”

妈妈继续说:“那就说说语言吧,爸爸懂得好几个国家的语言,不然他怎能走南闯北呢?”

“妈妈就不要再表扬爸爸啦!”爸爸说,“今天,爸爸不是被阿尔弗雷德给考住了吗?爸爸也不是全知全能,一切都是学来的。现在,我们的当务之急,是马上进入学习状态。不过,你们既然来到了异国,就应该粗略地了解一下圣彼得堡的概况。我明天安排马车,派人带你们走马观花地看看市容市貌,看看重要建筑。比如作为俄国巴洛克式建筑典范的冬宫,看看与圣彼得堡这座城市几乎同龄的涅瓦大街,看看彼得要塞,看看河,看看桥梁……”

按照爸爸的安排,小诺贝尔和两个哥哥于第二天、第三天逛了圣彼得堡,直到很晚才回到家。

圣彼得堡始建于1703年,1712年俄国的首都从莫斯科迁到这里,这里便成为了帝国的心脏①。它位于波罗的海芬兰湾的东岸,坐落在涅瓦河口②的42个小岛上。其间河流纵横交错,由二三百座桥梁相连接,素有“北方威尼斯”之称。在两天和一个大半夜的游历过程中,小诺贝尔从向导那里学到了许多俄语单词,向导也为他解答了上百个“为什么”。

第四天,爸爸安排妈妈和他们兄弟三个一起,进入爸爸的工厂参观。机器的喧嚣声不绝于耳,铸造的火光像闪电一样明明灭灭,怪异的气味,忙碌的人影,进进出出的车辆……他们觉得,这一切都被一个人站在高处支配着,这个人是多么了不起啊。这个人,就是扭住机遇不撒手的爸爸。

看得出,妈妈的眉宇间洋溢着无限的骄傲。她说:“孩子们啊,你们一定记得,爸爸还曾这样说过,一棵番茄秧,如果不能结出番茄,它就毫无用处!阿尔弗雷德曾经画过一棵番茄树,上面结满了番茄。你们的爸爸就是一棵结满番茄的大

---

① 俄国在圣彼得堡定都200多年,直到1914年,这一时期一直叫圣彼得堡。1918年3月,俄首都从这里又迁回莫斯科。1914年,城市改名叫彼得格勒。1924年,城市改名为列宁格勒。1992年1月,又改回老名字圣彼得堡。

② 涅瓦河:俄国重要的河流,源出拉多加湖,自东向西流,流经圣彼得堡,注入波罗的海芬兰湾。

树啊!”

爸爸说:“孩子们,等你们长大些,有了一定的本事,就可以在厂里工作了。”

14 岁的罗伯特握起拳头晃晃胳臂,说:“我现在就可以干活!”

小诺贝尔抢在二哥的前头,说:“我也会! 我现在就会工作!”

二哥说:“你以为工作就是背诵俄语单词啊? 你才多大的小不点儿啊! 你知不知道有句格言:‘如果兔子能拉车,谁还养马呢?’”

“路德维格,”小诺贝尔说,“你认为你就是一匹洛莎吉(马)? 我就是一只克洛里克(兔子)? 让我们比赛吧!”

小诺贝尔又用上了两个俄语单词。

爸爸说:“好啦好啦,爸爸就喜欢看你们比赛!”

妈妈则说:“比吧,赛吧! 妈妈祝你们——都得第一!”

后人曾说,诺贝尔绝对是一位语言天才。他之所以能够周游列国,以四海为家,到处工作,成为一个地地道道的“世界公民”,就是因为他于 16 岁时就已经精通了德语、英语、法语、俄语以及瑞典语,以惊人的速度和效率掌握了丰富的、广博的科学知识。这实在是一个天才加勤奋的典型。诺贝尔一生的学习劲头可以用四个字来形容,那就是:如饥似渴。

18

小诺贝尔问爸爸:“我们的学校在哪儿呀?”

“你们呀,都有两个学校——”爸爸说,“一个呢,在家庭之外,另一个呢,在学校之外。”

这话,好像脑筋急转弯,连妈妈都愣住了,没听懂。

“家庭之外的,当然就是正规学校;”爸爸解释说,“正规学校之外的呢,那也是学校——是咱们的家庭学校! 在休息日,学校里不上课,我们请最优秀的老师到家里来,辅导你们的学业。我们要请——物理学家、化学家、语言学家,等等。我一定要看一看,我的小兔子们能不能变成追风骏马!”

小诺贝尔乐得直拍巴掌。

爸爸为尚未谋面的家庭教师安排了授课和休息的房间。小诺贝尔把自己的座位摆在最前面。他还专门准备了不同学科的家庭作业本,本子的封面上,都用瑞典文和俄文写上了科目和自己的名字。

第二天一大早,有人来叫门。爸爸说:“来啦,尼古拉·津宁①先生来啦!”

来者是一位年轻的叔叔,高高的个头,深蓝色楔子形的帽子,戴一副宽边眼镜。与爸爸寒暄的时候,他的眼睛往四下寻找。爸爸指着小诺贝尔说:“就是他,阿尔弗雷德,我的小儿子,早就想见见您啦!”

小诺贝尔马上打招呼,鞠躬道:“津宁老师好!”

“哎哟——阿尔弗雷德小朋友好!”津宁老师也用瑞典语回应,“你爸爸说啦,阿尔弗雷德脑子里装着许许多多的‘为什么’,要我小心着,别被考住。然而我想,等有一天,阿尔弗

---

① 尼古拉·津宁(1812—1880):俄国人,化学家。

雷德把津宁考得捉襟见肘、焦头烂额、无以为对后，那说明津宁的教学就算完成了！津宁本人嘛，哈哈，就该‘下课’啦！”

爸爸哈哈大笑道：“不至于！不至于！津宁先生是大学问家，在化学和物理学方面造诣如此之深，黄口小儿哪能考住您哪！”

这一年，津宁 30 岁，伊曼纽尔 41 岁，他比伊曼纽尔小 11 岁，正值年富力强。他掂掂小诺贝尔细细的胳臂，说：“咱们约定一下好不好？阿尔弗雷德不光要解决头脑里许许多多的‘为什么’，而且还要解决小胳臂的‘为什么’——小胳臂为什么这么细呀？”他把小诺贝尔抱起来，说：“体重也远远不够呀，为什么呢？噢？是不是不喜欢吃东西？是不是不喜欢锻炼身体？我们一起来锻炼好不好？”

“好！”小诺贝尔回答道。

爸爸说：“太好了！学文化，练身体，一起来！这样好！好！”

“老师，请您告诉我，”小诺贝尔说，“地雷和水雷，为什么能够爆炸呢？”

小诺贝尔还在人家怀里，第一个“为什么”已经蹦出来了。

津宁先生说：“地雷和水雷？你爸爸是专家呀，你爸爸是赫赫有名的‘雷大王’，圣彼得堡谁不知道他？他没给你讲过吗？”

“没有。”小诺贝尔说：“爸爸说，津宁老师会给我讲的，而且讲得会更明白易懂！”

“好,好,”津宁先生把小诺贝尔放下,说,“这里边,既有化学知识,又有物理知识,那咱们开课吧!”

尼古拉·津宁教孩子们的物理课和化学课,对诺贝尔的成长起了很大的作用。

19

“伊曼纽尔先生在家吗?”

拉斯·桑特森[①]先生来了。

这是一位60多岁鹤发童颜的老人。他衣着简洁干净,举止沉着稳重。只是耳朵有些背,跟人讲话的声音总是非常高。路德维格背地说,桑特森一定以为全世界的人耳朵都不好用了。小诺贝尔背地叫桑特森为“老老师”。他常常提醒老老师,不用费那么大劲儿说话。老老师就点着头,仍然大声地说:“好!好啊!桑特森用不着大声说话!”

小诺贝尔觉得非常有趣。

桑特森先生精通瑞典语和俄语,精通瑞典历史以及世界历史。他常常在教授语言课或者历史课的同时,把东方的古典故事讲给三个孩子听,其中就包括中国《西游记》里的师徒四人怎样一路战胜妖精去西天取经的故事。

小诺贝尔在第一堂语言课上拿出了他的一个小本子,第一页上有他写的一段话。他请“老老师”帮助他,把这段话写成俄文:

① 拉斯·桑特森(1789—1853):瑞典人,语言及历史教员。

> 我和爸爸妈妈、罗伯特、路德维格的祖国叫瑞典。北欧斯堪的纳维亚半岛的东部就是她的位置。我国的西邻是挪威,波的尼亚湾挨着我们的东面,波罗的海就挨在东南面了。我的故乡在斯德哥尔摩,瑞典的首都也在这里。爸爸说,斯德哥尔摩共有岛屿24000个,这把郊区的岛屿也算在内了,是总数,被称为"北方威尼斯"。

"老老师"看了两遍,说:"先别着急写俄文,阿尔弗雷德,我们先把瑞典话说好。你的这段话,我很喜欢,可是我们应该说得比这更好一些。也就是说,这段文字应该修改。"

"为什么呢?"小诺贝尔的"为什么"很快提出来了。

"因为——""老老师"说,"这段话现在有一点小语病,不够通顺。来,我们从头看——"

"老老师"就逐字逐句地为小诺贝尔做了分析。

小诺贝尔听得特别认真,在提出几个"为什么"之后,他说:"我要努力修改!"

晚上,小诺贝尔修改了他的第一篇"家庭小作文",而且勇敢地读给妈妈和两个哥哥听。大哥罗伯特和二哥路德维格都提出了建议。深夜,爸爸从工厂回来后,帮助他定了稿。

> 我的祖国叫瑞典,位于北欧斯堪的纳维亚半岛的东部。我国的西邻是挪威,东面临着波的尼亚湾,东南面是波罗的海。我的故乡在斯德哥尔摩,是瑞典的首都。爸爸说,如果把郊区的岛屿也算在内,斯德哥尔摩共有岛屿24000个,被称为"北方威尼斯"。

当桑特森先生第二天见到修改后的小作文时,连连夸奖道:“改得好!通顺,简洁,改得好啊!”

几天以后,小诺贝尔竟把小作文用俄文写了出来,这令桑特森先生非常吃惊。先生跟卡罗莱娜太太嚷着说:“我这辈子啊,教的学生难以计数,天赋好的,也不少见啊,可是,像阿尔弗雷德这样好学而聪颖的孩子,凤毛麟角,凤毛麟角啊!”

“阿尔弗雷德,你给我谈谈你现在的感觉好吗?”津宁老师说。

“哪一方面的感觉呢?”诺贝尔问。

“你在学习方面的感觉。你爸爸对你们兄弟的学业非常在意,他舍得投资,肯下成本,那么你有什么感觉呢?你是不是觉得玩的机会太少了?”

“老师您问这个吗?”小诺贝尔不假思索,说,“我可以画一幅画吗?”

“画一幅画?可以呀!”

小诺贝尔很快就画了一幅画。“老师,您看吧!”

小诺贝尔画了一只兔子,它的周围是一片萝卜。小白兔正在吃萝卜。

“老师,我的感觉就是小兔子闯进了萝卜园!”

“好!很好!你有这种闯劲,让老师很踏实,也很高兴!”

津宁老师背地跟伊曼纽尔谈论起小诺贝尔,也说:“这孩子,特殊的勤奋与超人的悟性集于一身,如果没有极其意外的事情发生,世间应该出一个天才之星了。老兄你可一定要好好教育他,别闹闪失啊!”

伊曼纽尔先生淡然一笑，内心却非常复杂地说：“过奖了，他不就一个9岁的小娃娃吗！”

阅读思考

① 小诺贝尔一到圣彼得堡，就如饥似渴地干什么？

② 为什么说诺贝尔是一位语言天才？

第八章 哥哥的拳头和我的朋友

20

诺贝尔来到小学的第一天，感到非常陌生，因为班上除了三名男孩和一名女孩为瑞典籍，其余好像大都是当地的俄国学生。

在这个班上，诺贝尔比任何一名同学都瘦小，被老师安排在座位的第一排。他注意到，有一个俄国男孩非常高大，其他俄国学生都喊他“加尔申”。

由于语言关系，诺贝尔当然最先和瑞典籍的同学亲近，尤其很快就和一名叫拉格伦的同桌女孩成了好朋友。拉格伦的老家在马尔默[①]，做毛皮生意的父亲不幸在芬兰湾里遭遇海难，她就跟着妈妈来到圣彼得堡，住在外公开的一家小餐馆里。虽然拉格伦的目光里常含抑郁，但是她友好，温柔，而且悄悄告诉诺贝尔，尽量别招惹那个加尔申。

加尔申让人容易记住的原因除了人高马大，还有鼻尖特别鲜红，就像一颗熟透的、即将溃烂的草莓果。他开口说话像打架一样，震得你耳膜疼。加尔申还特别喜欢把靴子跺得咔咔响，生怕搞不起尘烟。不到半个小时，诺贝尔就看出，他明显是个桀骜不驯的孩子王。而且，加尔申有好几个同伙，都是他的铁杆跟屁虫，他们威胁诺贝尔说：诺贝尔，听清楚了，我们一个叫“来依可夫”，一个叫“莫莱斯基”。

诺贝尔不知道加尔申为什么把第一个捉弄的目标选中了自己。加尔申指着他大喊：“斯维尼亚（猪）！哈哈，斯维尼亚！”

诺贝尔不知道加尔申在喊什么，愣住了。

加尔申的跟屁虫来依可夫和莫莱斯基，就放肆地跳脚大笑，也一起指着诺贝尔狂喊：“斯维尼亚！斯维尼亚！”

拉格伦埋下头，小声地告诉诺贝尔：“他们喊你是‘猪’。”

诺贝尔一听就怒火中烧，可是，对方人多势众，自己个头矮小，明显不是人家的对手。

加尔申一拨儿，看看诺贝尔没什么招儿，就更加放肆。他们“啷啷”地敲起桌子，扭腰肢、做鬼脸，大声嘶喊：“度颇乌木

---

① 马尔默：瑞典第三大城市，位于瑞典最南端，是瑞典南部的重要港口、海军基地和交通枢纽。

那亚-斯维尼亚(蠢猪)!度颇乌木那亚-斯维尼亚!"

拉格伦将头再次低下,小声地告诉诺贝尔:"他们说你是'蠢猪'。"

诺贝尔处于劣势,不能不想起在斯德哥尔摩圣雅各布小学读书时,同学们对自己是多么友好啊!而在这里,情况竟是如此糟糕。为什么呢?我没招惹任何人呀!到底为什么呢?

诺贝尔拉开门,怒气冲冲地跑出教室。他要去找老师。可是加尔申派莫莱斯基追出来,拦住了诺贝尔。莫莱斯基嘻嘻地笑着掐了一下诺贝尔的鼻子。至于他比比画画、叽里呱啦地叫喊什么,诺贝尔一句也没听懂。他在马车上学的那一点点俄语,这时候实在派不上用场。

莫莱斯基伸手拽住诺贝尔的衣襟,像牵羊似的硬拖,要诺贝尔回教室。诺贝尔与他执拗,坚持不肯回去。就在这时候,上课的钟声敲响了,系着牛筋宽腰带的男教师拿着讲义夹走了过来。

莫莱斯基狡猾地、故作亲昵地拍拍诺贝尔的脊背,还歪过头,假惺惺地亲了诺贝尔一口,说了好几个"德路克(朋友)",独自溜回了教室。

"发生了什么事吗?"老师弯下腰来,用瑞典语问诺贝尔。

"他们……"诺贝尔当然想告状,可是却打住了。眼泪在眼眶里转着,他竭力不让它流下来。

"是不是跟谁吵架啦?跟朋友闹误会了?"

诺贝尔咬紧牙关,不出声。

"那好,我们先来上课吧!"

尼古拉·津宁先生是诺贝尔的物理和化学课的家庭教师，小诺贝尔问了他许多问题。津宁先生一一作答。他对诺贝尔的成长起了很大的作用。

名家名言

有些卑琐的念头，束缚我们入地，有些高尚的思想，高举我们升天。

名家名言

扯谎是万恶之首。

诺贝尔跟着老师走进教室，坐到座位上。

老师用俄语问过“同学们好”，又用瑞典语问了一遍。

原来，老师讲课也分别使用俄语和瑞典语。老师是俄国人，可是他说他小时候在乌普萨拉和斯德哥尔摩居住过七八年。诺贝尔觉得，老师用双语讲课很有好处，那就是方便自己学习俄语。

这堂课，老师着重讲了校内校外的注意事项和本学期的学习任务，给同学们划分了四个值日小组。让诺贝尔非常不安的是，他们第一小组里偏偏就有加尔申和莫莱斯基。

老师要求同学们自己介绍一下自己。当加尔申做自我介绍时，诺贝尔耸起耳朵听。他注意到，加尔申似乎说他爸爸在哪儿赶马车什么的——诺贝尔没有完全听懂。

由于时间不够，老师只把部分同学的自我介绍做了翻译，其中没有加尔申。诺贝尔从老师的翻译里得知，班上还有好几名同学来自外国，有的来自芬兰，有的来自挪威。“我要向他们学习语言！”他想，“我要和他们做朋友！”

下课之前，老师问大家有什么问题。诺贝尔犹豫了一下，还是鼓起了勇气，举手喊了报告。他说：“老师，我有问题。我想知道几个‘为什么’！”

“什么意思？”老师没听懂。

“我有几个‘为什么’，想不明白。”

“哦——是吗？”老师和蔼地说，“阿尔弗雷德同学，请讲吧！”

诺贝尔说：“我想知道的第一个为什么是，加尔申，还有来依可夫和莫莱斯基,他们为什么叫我猪和蠢猪呢?”

诺贝尔不等待对方作出回答,继续说:“我还想知道的第二个为什么是,莫莱斯基,你为什么掐痛我的鼻子,还要叫我德路克呢?”

诺贝尔仍然不等待对方作出回答,继续说:“我最想知道,到底为什么,我们大家不能成为朋友呢?”

诺贝尔的一连三个“为什么”,让课堂上的气氛立刻紧张起来。

拉格伦小声说:“阿尔弗雷德,你问得好!应该问他们!”

这时候,老师把目光投向了加尔申,然后,转向了莫莱斯基、来依可夫。这三个家伙,就算没能完全听懂诺贝尔的话,也看明白了诺贝尔的神色,听清了自己的名字。惹娄子了——他们思忖着。

加尔申就开始清喉咙,假咳嗽。

莫莱斯基把头勾下去,下巴尖抵到了胸脯上。

来依可夫就搔脖子、抓肩胛、咧着嘴巴、皱着眉头,仿佛突然闹起了荨麻疹。

“好啦,时间到了,我们先下课吧!”老师说,“我请我们全班的同学一起来思考,阿尔弗雷德同学提出的三个‘为什么’!每个人都要想一想,特别是加尔申、莫莱斯基和来依可夫,你们三名同学要很好地过脑子,要深思熟虑!”

接下来的课间,就没有了喧嚣和打闹。加尔申装模作样地看书;莫莱斯基装模作样地默诵课文;来依可夫坐在座位上不动,眼望着天花板,轻轻地打口哨。

一直到放学,诺贝尔的三个为什么没能得到解答。等同学们都走完,拉格伦对诺贝尔说:“行啊,阿尔弗雷德,我佩服你,你真勇敢!”

诺贝尔说:“谢谢你啊,拉格伦!请你帮我学习俄语好吗?”

拉格伦说:“那没问题!——你可以到‘红叶子餐馆’去找我,很近的!”

21

吃午饭的时候,爸爸和大哥罗伯特不在家。诺贝尔一肚子话憋不住,还是把今天的遭遇讲了出来。

“气死我了!”他说,“他们太欺负人了!那个加尔申,从头坏到脚!”

“你把问题讲给了老师听,这是对的。”妈妈说,“你不要和人家打架。我们不要和任何人作对,阿尔弗雷德,我们要多多交朋友!”

“可是妈妈,他们为什么不想和我交朋友呢?为什么呢?我们刚刚见面啊!”

“嗯!吃饭!吃饭!”二哥路德维格拿勺子打碗边儿,说,“赶紧吃饭!”

诺贝尔不知道路德维格今天为什么如此着急吃饭。他说:“二哥,你们班上有没有人欺负你呢?”

“他敢!”路德维格一下把勺子杵在桌子上,“我还不知道欺负谁呢!”

“为什么呢?为什么不敢呢?”

“吃饭!吃饭!”路德维格把半块馅饼塞进诺贝尔的嘴里,“别老是问为什么!你问那么多没用!”

下午,路德维格来到诺贝尔的教室前,转了一圈。诺贝尔和哥哥来得太早了,教室里还空着呢。

“二哥,你去吧!我要到座位上去了!”

“你别管我!”路德维格不走。

“你去吧!”

“你去你的!”

“二哥,你……为什么不去你们的教室呢?”诺贝尔问。他觉得,二哥仿佛要做点什么。“一会儿就要上课了!大哥已经去上课了!”

“你别管我!”路德维格像是咬着牙根说,“上课还早着呢!”

不一会儿,加尔申来了。他一边走,一边啃一只煮的或是烤的鸡或是鸭子的翅膀,满手尽是油腻。他不知道诺贝尔现在有靠山,大大咧咧地喊了一声“啊哈——斯维尼亚!”

路德维格嘟哝一声:“就是他吧!”一步并作两步蹿上去,照准了加尔申的脸,咣叽就是一拳头。

加尔申虽然个头不小,由于没有防备,鼻血立刻淌下来,捂住脸一蹲,只有哭的份了。

路德维格不解气,朝着他的屁股又狠狠地踢了一脚。加尔申朝前一扑,跪在地上。路德维格叉着腰骂道:“狗屁加尔申,你再敢欺负我弟弟,我扔你到涅瓦河里喂王八!”

加尔申不懂瑞典语,但是懂得拳头和脚,懂得挨打的感觉。他站起来哇哇大哭,要把声音传到全世界。

诺贝尔已经被哥哥突然的举动吓住,他跟哥哥喊:“为什么?路德维格,你为什么这样做?为什么?”

估计加尔申不想让同学们笑话,尤其不想被女生笑话吧,他止住了哭声,抹抹泪,谁也不看一眼,径直勾着头朝教室走去。

路德维格去上他的课了。诺贝尔朝着他的背影说:“我会告诉妈妈的!”

诺贝尔走进教室,奔向加尔申。

加尔申坐在那里,两眼失神地望着前方。

诺贝尔说:“加尔申,对不起,刚才打你的是我哥哥,他错了。我一定会让妈妈严厉惩罚他的!”

加尔申歪头望望诺贝尔,他老是眨巴眼睛,也许是听不懂的原因吧。他没发脾气,而且让人不解地点了点头。

“看样子,你哥哥打人不是你怂恿的结果!”一个叫柳比卡娅的俄国女生用瑞典语对诺贝尔说,“你哥哥他,手很厉害啊!”

诺贝尔说:“回家吃午饭的时候,我讲了今天上午的事,就是我被加尔申喊蠢猪的事,二哥路德维格一定是记恨在心里了。”

“哟?二哥?你……还有个大哥吗?”柳比卡娅问,她那惊讶劲儿,仿佛发现了新大陆。

“有的，”诺贝尔说，“我大哥也在咱们学校，他叫罗伯特，比我大4岁。”

“加尔申！”柳比卡娅突然在加尔申肩膀上狠狠捣了一拳头，尖声地说，“你听着，人家还有大哥没揍你呢！你等着瞧吧！哼！你……”

“不！”诺贝尔打断了柳比卡娅，说，“以后，谁也不能找加尔申的茬儿，我保证！凭着力气大欺负人，是低级的，是不道德的！”

放学回家以后，诺贝尔所做的第一件事，就是把二哥打人的行为告诉了妈妈。妈妈严厉地批评了路德维格，而且要他和诺贝尔一起去向人家道歉。

“不去！”路德维格横着脖子说，“打死我我也不去！”

“为什么？”诺贝尔又来了。“你做错了，为什么不道歉？”

“难道你就真的不知道我为什么打他吗？”路德维格振振有词，“你敲着脑袋给我好好想想，你真的不知道？我倒要问你，你为什么不知道！”

“打人是错误的！”诺贝尔说，“我用膝盖就能想得明白！用不着脑袋！”

路德维格气哼哼地说：“那你就白长脑袋了！既然我们都知道，我们斯德哥尔摩所以叫木桩城，是因为抗击过无恶不作海盗。注意，是抗击海盗，不是去向海盗道歉！那么，路德维格就没有必要向那个狗屁加尔申说半句好听的！”路德维格气得跳脚，脖子涨得血一样通红。

妈妈说:“路德维格你别跳了！你坐那儿！那个加尔申，他是错了,可是我们不能错！就算他无知,我们不能无知,我们要大仁大义!”

诺贝尔说:“我同意妈妈的意见！二哥,咱们去吧!”

由于妈妈和诺贝尔都坚持道歉,路德维格不得不答应去一次。结果是妈妈亲自带领着两个儿子,还买了水果和点心,去看望加尔申。

路过红叶子餐馆的时候,拉格伦正巧看见了诺贝尔。她像一只猫儿一样跳过来,小声问:“阿尔弗雷德去哪儿啊?”

诺贝尔说:“去加尔申家。去看看他。”

“让我去当翻译吧！我知道他家住在哪儿!”女孩看出卡罗莱娜是诺贝尔的妈妈,就上前道:“阿姨,您好!”

拉格伦领路,几分钟后就来到了加尔申家。

加尔申的脸一下子就白了。

卡罗莱娜放下礼物,对加尔申的大胡子父亲说:“您好，我们来看看阿尔弗雷德的同学加尔申。我家二小子路德维格,不懂事,打了加尔申,我们来道歉啊！——路德维格,说‘对不起’呀 !”

路德维格就对加尔申说:“对不起!”

在场的对话,就由拉格伦来翻译。诺贝尔想,也多亏她来了,不然该有多不方便啊!

让人想不到的是,加尔申的大胡子父亲听明白事情的原委,气得要揍加尔申。原来,他的“饭碗”就是在诺贝尔家的工厂里拉货,他担心丢了这个饭碗。

“太太，等我打断加尔申的狗腿！伊曼纽尔先生对我天高地厚，上一个礼拜还给我加了薪呢。加尔申不懂事，欺负少爷！他真是活得不耐烦了！”

大胡子一把就抄起了一根柞木镐柄。

诺贝尔上前抱住他的胳臂，说：“为什么呢？伯伯为什么要揍加尔申呢？”

卡罗莱娜夺下大胡子的镐柄，戳到门框边，说：“我们的阿尔弗雷德，对任何事情都要问个为什么的！您不能因为在我家工厂里干活就打孩子。孩子毕竟是孩子嘛！”

诺贝尔说：“加尔申为什么要叫我蠢猪呢？我想过了，只因为他不懂礼貌，不懂得友好。莫莱斯基和来依可夫，为什么帮助加尔申欺负我呢？我也想过了，就因为他们不辨是非！我二哥路德维格，为什么要打加尔申呢？他太小气了，看事情不远。伯伯，如果您打了加尔申，会让加尔申痛苦的！加尔申痛苦，会让我也痛苦！”

拉格伦赶紧做了翻译。

“啊，我的好少爷啊！”大胡子爸爸像哭一样，声调怪异地喊了一句，竟给诺贝尔鞠了一大躬。他让加尔申跪下，给卡罗莱娜太太磕头，可是被卡罗莱娜阻止了。大胡子父亲说：“太太，您和少爷大仁大义啊，我不知道该怎样谢谢你们，谢谢伊曼纽尔先生！”

后来，加尔申和他的伙伴都成了诺贝尔家里的常客。有一次去远郊野营，诺贝尔被黄蜂追赶，加尔申冲上去，把自己的上衣脱下来为诺贝尔遮头，他自己脖颈上却挨了好几钩子。

“没啥，我个头大，”加尔申说，“我比阿尔弗雷德耐蜇嘛！”

加尔申这句话，曾经被诺贝尔写进作文《我的朋友加尔申》。这篇作文，获得了老师的高度称赞，几次被老师拿去念给外班同学听。

阅读思考

① 女孩拉格伦为什么佩服诺贝尔“真勇敢”呢？

② 诺贝尔和妈妈以大______把加尔申变成了朋友。

第九章 真情温暖父子贼

22

加尔申的大胡子爸爸也算与诺贝尔一家相识了。

有一天,大胡子爸爸提出一个希望——只能说是希望,不能说是要求——他希望诺贝尔能给他儿子补补功课。

“我们加尔申,狗东西太不成器了,”他直接跟诺贝尔说,“阿尔弗雷德少爷可不可以教教他呢? 听老师说,少爷功课没比的! 当然我付不起薪水给少爷,真是惭愧! 唉,看我,我人是贱人,哪有脸面提这!”

诺贝尔问:“加尔申愿意补吗?”

“他? 我不问他是不是愿意! 我是他爸爸,他不是我爸爸! 他比贼都懒,能从他嘴里听到‘愿意’吗?”

“等我问问加尔申吧,”诺贝尔说,“我总不能强迫他。”

诺贝尔与加尔申说及补课,加尔申就告诉诺贝尔,他已经留级两年。他最讨厌的除了辣椒,就是学习。

诺贝尔问他:“为什么呢?”

加尔申说:“因为爸爸非要我念书不可。”

这样的回答,让诺贝尔无法理解,也很吃惊。他又问:“爸爸非要你念书不可,你就讨厌学习吗?那又为什么呢?”

加尔申说:“爸爸不愿意做的事,他非要我做,我当然就不爱做!”

“爸爸已经是成人,不得不去挣钱养活你和妈妈,”诺贝尔说,“他已经没有机会上学了。可是你还小……”

“我没有妈妈,”加尔申说,“我妈妈患肺病死 8 年了。我爸爸做的事,也是我想做的,可是他不让,他做,不让我做!”

“你说的是赶马车吗?你人太小啊,装卸铁块,搬不动的!”

加尔申望着诺贝尔,眼睛就像跑来跑去的孩子在捉迷藏。他终于没说出来,他是不是也想赶马车,或者是想干别的什么。

“行啊,”加尔申吸吸红鼻子,说,“我拧不过他的,你愿意给我补功课那就补吧。可是别指望我能学会!”

“必须学会!”

“行,行啊!”

“在哪儿补?我来你家吗?”

“可以呀。”加尔申说,“你家门口高贵,爸爸早说了,要我少去,怕我要混账丢人现眼。如果你发现我家的门上画了一个……比如,画了一个十字,你就可以回你家,也就是说,这一回咱们先不补功课,等到明天后天再说!行吧?”

“画十字,那就是你有急事,不在家——对吧?”

“非常对!”加尔申说,“有急事,就得把补课停下来!”

23

加尔申表示,他不想学瑞典语。

“学那没用!我又不想去瑞典!有一个圣彼得堡,就够我待八辈子了!”

“可是我的俄语不行,”诺贝尔说,“我也只能把老师用双语讲的功课补给你。”

“那不就足够了吗?你以为我想去课本之外捞外快呀?我只怕被课本撑破了头呢!”

诺贝尔非常想学俄语,如饥似渴。在给加尔申补习功课的同时,他也颇有收获,就是顺便学了俄语。

加尔申的底子比诺贝尔想象得还要差,应该会的功课,他至少有五分之四不会,而算术尤其糟糕。

“我就说过,别指望我一学就会!”他说,“我看呀,你给我讲讲斯德哥尔摩那边的故事也不错!”

“不,”诺贝尔说,“老师和同学们已经知道我来给你补习功课,如果我们没有一点成绩,那岂不让人笑话!”

“老师和同学不知道!”加尔申说,“我们又不在学校里补!”

“是你父亲跟老师说过的,你父亲在老师面前表示过对我的感谢!其实,我们还什么都没做。”

“行,为了你,我加尔申豁出去了,我学!”

然而,加尔申经常有“急事”。诺贝尔常常被他家大门上的十字挡回去。

大约一个月以后,加尔申突然旷课,连续不来学校。诺贝尔去他家,大门紧锁,连十字也没画。

拉格伦告诉他,加尔申出事了。

“有人说他死了,有人说他没死。”拉格伦说,“说法不太一样。有人说他从一家小诊所转到了‘上帝援手’医院,是死是活还不知道呢!”

诺贝尔马上把这个消息告诉了妈妈。

“妈妈,加尔申家贫困,又遇上这样的事情,我们去看看他吧!”诺贝尔请求道。

“要去吗?”路德维格说,“我听我们班的同学议论,他父子俩的名声可不够好,有人叫他们为‘父子贼’呢!”

“名声不好又遭了难,”诺贝尔说,“我们还是去看看吧!”

妈妈爽快地答应了诺贝尔,要诺贝尔和路德维格一起去。他们来到医院的时候,加尔申的爸爸正跪在大门前乞讨。他身边是一个瓦罐,用来接受施舍,他说他实在没有钱保住儿子的性命。

“起来吧,”妈妈说,“孩子在哪儿?——加尔申会好起来的!”

大胡子把大家领进一间外科病房。加尔申躺在病床上,满头是厚厚的纱布,连眼睛都完全蒙着。大胡子喊:“加尔申,阿尔弗雷德少爷和妈妈来看你啦!”

加尔申的泪水洇透了纱布。

加尔申没死,脑骨虽然凹陷了一块,脑却损伤不太严重;但严重的是被截去了右腿,落下了终生的残疾,成了圣彼得堡年纪最小的木脚人。卡罗莱娜太太为他付清了全部医疗费用。感激不过的一对父子,说出了全部的秘密。

24

加尔申动不动就有的"急事",到底是去做什么呢?

—— 是去偷盗。

下面的一段叙述,是加尔申出院以后告诉诺贝尔的"故事"。诺贝尔当时听得直冒冷汗。于是,他的头脑里形成了一段终生难忘的"影像"。

—— 夜幕徐徐降临。圣彼得堡是个有"白夜城"[①]之称的城市,这个夜晚并不黑暗。嘶嘶呼啸的西北风,裹着雪朵横飞乱撞,搞得天地间一片混沌。

—— 一辆双套马车,从斜街的东北口驶过来。马铃儿叮咚响,车轮碾得积雪吱吱有声。赶车人面朝前坐在车辕上,怀抱着鞭子,冻得像只缩脖鸭,连吆喝一声都懒怠。

—— 加尔申看出是辆重载车,盖着苫布,心头一喜,主意

---

① 在纬度达到一定度数的地区(中高纬,接近极圈,但在极圈外),由于大气的散射作用,整夜天并不完全黑下来。比如圣彼得堡,从5月下旬到8月上旬,夜晚一片光明,这一现象被称为"白夜"。

就打定了。他蹑手蹑脚地跟上来，尾随着马车走了一段路，直到出了闹市区，来到一个僻静无人的胡同里。他趋步上前，像猫儿似的一跳，就钻到苫布底下。黑暗中，他一伸手，摸到了一个冰凉的铁家伙——也许是铜家伙。管它是什么呢，什么都可以卖钱，扔下去再说！可是，那家伙太重了，他咬着牙都挪不动，所以不得不放弃。他换个方向，再一摸，有个软乎乎的大口袋。会是什么宝贝呢？管它是什么呢，什么都可以卖钱，扔下去再说！可是，口袋的一半被铁家伙压着，就是拽不出来。加尔申急得耳根发热，他只怪自己今天跟错了车。往常，车上杂七杂八的小东西，非常容易得手，你看今天，怕是白操心了！

—— 他的腿触到了一个纸箱，他回头，把纸箱推到车厢板上，再一用力，纸箱就掉到了车下。他此时犯了一个错误，就是忽略了那纸箱落地，发出了“嘭”的一声闷响。

—— 他继续摸，又摸不到东西了。就在他恨不得把苫布掀开，好好找一找“食儿”的时候，那苫布竟真的“呼啦”一下被掀开了。强烈的雪光晃得他睁不开眼，而那一声炸雷般的断喝，让他把魂儿都飞出了躯壳。“看你狗娘养的往哪儿跑！”是车把式，已经饿虎似的扑过来。

—— 即使如此，加尔申也有把握逃掉，因为他那双长腿比马还快，何况他只要在转动着的车轮上一蹬，就能“射”出好几米远。于是，他一挺身，一蹬——加尔申怎么也没想到，沾了雪粉的车轮，光滑得就像涂了油，那只脚噌地打了个出溜，人跌下去，偏偏鬼使神差，右腿怎么就插进了车辐的一个空当，人就被车轮绞住了。他的头部撞在地上，呼地晕了一下;身子随着车轮整整旋转了一周。他感觉出咔嚓一声响,疼痛钻心,是腿折断了。

—— 车把式还算机灵,一把打了死闸。可是他也被惊得魂飞魄散,软如无骨。

“我说的急事,就是偷点东西,卖钱花。”加尔申对诺贝尔说,“我还能有啥别的急事!”

让诺贝尔一家都没想到的是,加尔申的大胡子爸爸被感动得良心发现,他把一些铸铁散件和螺丝扳手之类从家里拉到厂子里——几乎有一车之多。这都是以往他偷出厂子的,还没来得及卖掉的赃物。他对伊曼纽尔这样说:

“兄弟呀,大哥我不是人,干下没出息的丑事。没有兄弟您一家的热心肠,就没有我们爷儿俩的今天!大哥我知错认错,愿意脱胎换骨,打心里说,我愿意挨打受罚!”

后来,木脚人加尔申在诺贝尔家的工厂里学了钳工,干活很卖劲。他父亲做了马车队的头,也尽心尽力。到1859年伊曼纽尔离开圣彼得堡回瑞典之后,这爷儿俩仍然留在罗伯特和路德维格的身边,成为最贴心的员工。

阅读思考

① 加尔申所说的“急事”,原来是去做什么呀?

② 作为“惯偷”的加尔申,为什么成了干活很卖劲的工人?

第十章　涅瓦河上的瓢瓢船

25

午后，妈妈忙着给爸爸缝一件狐皮上衣，要诺贝尔带一带埃米尔。

“去吧，带小弟弟去玩玩吧，阿尔弗雷德。注意别走远了，小心着车马！”

埃米尔4岁，非常活泼可爱。诺贝尔14岁，是个很有一点文墨气质的小学生了。妈妈现在有4个男孩，没有女孩，很渴望有个女孩，就常常把诺贝尔当“宝贝闺女”对待。诺贝尔很爱弟弟，性子也温和，真跟个姐姐似的，常常在做功课之余带着埃米尔做做游戏，或者给埃米尔讲讲故事，唱唱儿歌。

“妈妈，我们玩去了！”

诺贝尔跟妈妈打个招呼，就带着弟弟离开了家。

“我们去哪儿呢，埃米尔？”诺贝尔问弟弟。可是弟弟也没主意，他们就东游西逛地，溜达着就来到了涅瓦河边。

诺贝尔是个勤学好问的孩子，他尤其喜欢地理。他知道，涅瓦河源于拉多加湖，自东向西，流入波罗的海的芬兰湾。诺贝尔曾经问过爸爸，涅瓦河一头是湖，一头是海，它为什么会流动呢？因为他知道，好多河流都是从大山里一路跑出来的，涅瓦河却不是。

爸爸说：“一条河嘛，从湖里流到海里，这跟另一条河从山里流到海里是一样的道理，都是因为源头那边的水位高。水的‘原则’就是从高处流向低处。可是河跟河也是不同的，就像人跟人不同。比如，中国的黄河，跟我们瑞典的达尔河[①]就不一样，而流经八九个国家的多瑙河[②]，跟涅瓦河也不会一样。”

诺贝尔没见过达尔河，也没见过多瑙河，更没见过中国的黄河，他想过，等长大了一定去看看那些河流，看看它们到底有什么不同。诺贝尔喜欢文学，他跟爸爸说过，要写一篇关于涅瓦河的作文，请拉斯·桑特森先生给评阅一下，看看可以得多少分。他的作文分数比大哥罗伯特和二哥路德维格的都高，他可不愿意丢掉“冠军”的宝座。

涅瓦河就在眼前。在斜阳的照耀下，宽阔的水面上闪耀

---

① 达尔河：瑞典中部的河流。源于挪威边界费门湖东，在耶夫纳附近注入波的尼亚湾。

② 多瑙河：欧洲第二长河，是世界上干流流经国家最多的河流，发源于德国西南部的黑林山的东坡，自西向东流，注入黑海。

着橘黄色的粼粼波光。一条大木船，载着许多油桶向下游航行，正从他们眼前经过。有几只白色的鸟，跟在那船的后面，起起落落地，在拣食被船家弃在河里的残羹冷炙。

"埃米尔，你看，那大船的后头，有几只鸟呢？你数得清吗？"诺贝尔问小弟弟。

小埃米尔就点着指头念："一——二——三——四……"

大木船很快就开远了，可是究竟有几只鸟，埃米尔没数清，因为鸟们飞来飞去的，让他眼花缭乱。"它们不好好等我数！"他说，"如果它们落在船上别动，我就能数清！"

"是的，埃米尔，"诺贝尔说，"看哥哥给你画一只鸟！"

诺贝尔拿指头在沙地上画鸟。埃米尔问："三哥哥，你坐过船吗？"

诺贝尔说："当然坐过啦！我5年前就坐过啦！从我们的老家斯德哥尔摩来圣彼得堡，一路坐船，可过瘾啦！——那时候还没有你呢！"

"三哥哥，我也要坐船！"

"那你等着吧！别急！如果我们有一天回斯德哥尔摩，去老家看看，就一定要坐船的！"

"如果不回老家呢？就没有船坐吗？"

"那也不一定！比如你长大当了海军，就可以天天坐船，连吃饭和睡觉都在船上！"

就在小兄弟俩讨论坐船的时候，发生了一件怪事：突然从他们后面出来一个人，"扑通"一声，把一个什么袋子扔到了河里。那人看了两眼，转过身就走掉了。诺贝尔注意到，那人跳上了停在不远处的一辆马车，摇起鞭子，“驾嗬、驾嗬”地驱车而去。

“三哥哥！”小埃米尔怔怔地问，“他往河里扔了什么呀？”

“我哪儿知道！”诺贝尔说，“一个袋子！”

“他为什么不要袋子了？”埃米尔还问。

“这不知道！”

“可是它……三哥哥，袋子在动哦！”

诺贝尔细细一看，埃米尔说的不错，那袋子在缓慢地蠕动，是里面的活物在挣扎。

诺贝尔就害怕起来，胸膛里一阵发紧。他忽然想起，不是说最近有人丢弃婴儿吗？可能是有毛病的婴儿，或者是不曾结婚的姑娘生下的婴儿。难道……袋子里面有个孩子吗？

袋子随着水流往下漂，一沉一浮的。忽然，他听见了一种从憋屈的喉咙里发出的怪怪的声音。

“呀，三哥哥，看……是什么……出来啦！”

那袋子的封口被挣开了，冒出来的，是一颗白色的毛茸茸的脑袋。

26

那是一条白色的半大狗。

为什么？为什么要淹死它呢？难道它做错了什么事吗？

谁能救活它呢？它不应该被淹死啊！

诺贝尔扭头看看，身边空空旷旷的，连一个成年人都没有。距河岸一二百米外,有三四个小女孩,在悬铃木下叽叽嘎嘎地跳格子。

看,那狗儿扑腾几下,竟脱出了口袋。它吃力地把脑瓜往上仰,奋力挣扎。

“三哥哥,快快捞狗啊!”小埃米尔说,“狗会被大水冲跑的!”

诺贝尔感到非常为难。“我不会游泳啊!我该怎样去救那狗儿呢?”

那狗儿,像是有一点凫水的本事,可是它没长大,显然力气不够。

诺贝尔想——

上帝啊,给我一根长长的竿子吧,我把它搭出来!

上帝啊,给我一根长长的绳子吧,我把它套出来!

上帝啊,教会我游泳吧,我把它抱出来!

上帝啊,给我一点魔法吧,我拿指头一点,让那狗儿腾空而起飞过来,一直落到我的脚边!

可是,上帝什么都没给予诺贝尔。

诺贝尔急得,拉着弟弟沿着河岸往下游方向跑。他想跟着狗儿,仿佛只要他跟着,那狗儿就不会被淹死似的。

“嗨!嗨!往这边来!这边是岸啊!使劲儿往这边游!嗨!嗨!”他高举手臂,挥动着埃米尔的帽子,朝着狗儿喊。

可是怪了,那狗儿啊,偏偏就糊涂得不行,直往河心里折腾。

诺贝尔拉着弟弟跑哇,跑哇。

那狗儿，一会儿浮出来，一会儿沉下去，离他们小兄弟越来越远了……

就在诺贝尔一筹莫展的时候，面前出现了一条船。是一条很小很小的木船，被人们称作“瓢瓢船”的那种，没准一名男子汉就可以把它举起来。瓢瓢船被一根麻绳锚着，浮在水里不动；锚却插在岸上。船舱里放着一柄木橹。

诺贝尔在许多画报上看过船。他知道，水是船的陆地，船不怕水。于是，他立刻就产生了一个想法，驾着船去救那狗儿。

“埃米尔！”他对小弟弟说，“我们有船啦！我们这就去救那狗儿上来！”

他把锚拽起来，放到船上，再把埃米尔抱上船。木橹由皮套绳挂在船尾，他试着摇了摇。

木橹真管用啊，他没摇几下，瓢瓢船就开始移动了。

诺贝尔不由地来了信心，加大了力气。

可是当小船渐渐离开河岸以后，不由自主地加快了速度。

诺贝尔一开始没在意，甚至很得意，可是当他看出瓢瓢船已经不服从他的约束，那条木橹已经丧失了作用时，他的一颗心很快就被恐惧牢牢地攫住了。

瓢瓢船越来越快地顺流而下。在诺贝尔的感觉里，它比箭还要快。而且，他感觉出小船开始颠簸。

他已经不知道那条狗儿在哪里了。他知道，现在急需别人来救援的，是他和弟弟。

船身四周的波浪让他眩晕。他想到了海，想到了不曾见过却听人讲过的吃人鲨和海妖。

他喊破嗓子,没有人来救他。

埃米尔“妈呀妈呀”地大哭起来,更让他不安。

“别哭！你哭有什么用!”

情急之下,诺贝尔失去了平静,也失去了耐心。他跟埃米尔吼起来,甚至踢了埃米尔一脚。“闭嘴吧,你！别添乱好不好!”

天仿佛刷拉一下,黑了许多。

27

卡罗莱娜太太撂下熨斗,想起埃米尔的时候,她的心跳到了嗓子眼儿上。

“不好了,埃米尔几个钟头不在,他去哪儿了?”

是啊,阿尔弗雷德呢？是阿尔弗雷德哄着埃米尔玩的。阿尔弗雷德在哪儿?

女仆雪人来上晚班,卡罗莱娜太太问她:“你见着阿尔弗雷德和埃米尔了吗?”

“没见着啊,”雪人说,“门口和街上都没有的!”

于是,这个家就像被泼过一瓢开水的蜂房,乱起来了。

伊曼纽尔大发脾气,他呵斥卡罗莱娜做什么皮衣,皮货店里有的是！卡罗莱娜不敢吱声,她和雪人、罗伯特、路德维格都跑出去,逢人就问,见胡同就闯,快得像梭子一样。

哪里有阿尔弗雷德和埃米尔的影子!

大约10点钟,有两名巡警带着诺贝尔和埃米尔赶来。埃米尔是被一名警察抱来的,已经睡着在人家的肩膀上。

"天啊,可回来了!"卡罗莱娜夫人激动得浑身打哆嗦。

巡警严厉地批评了伊曼纽尔夫妇:"你们对孩子也太不在意了!你们知道他们被冲出多远吗?幸亏有人在大涅瓦河和小涅瓦河的分流河段[1]把他们拦下来。如果冲进芬兰湾,天知道会发生什么!"

卡罗莱娜太太千恩万谢,伊曼纽尔先生以礼品相赠。警察去了,伊曼纽尔先生严肃地说:"都不要睡觉,今天这事我们必须讨论!"

诺贝尔深感事情的严重性,他如实地叙述了事情的来龙去脉。当爸爸问他想跟大家说什么的时候,他说:"我今天……做得非常糟糕。"

路德维格气愤地说:"你呀,你呀,它不就是一条狗吗?你根本就不应该去冒那个险!害得全家人……"

"为什么呢?"诺贝尔马上质问,"一条狗就应该活活被淹死吗?"

"'为什么','为什么',你又是'为什么'!"路德维格点着诺贝尔的鼻子,"你一辈子就会说'为什么'!你就不怕把自己淹死啊!就算你不怕,还有埃米尔呢!是人宝贵还是狗宝贵?"

罗伯特说:"让阿尔弗雷德自己说说,他所说的'非常糟

---

① 涅瓦河在注入芬兰湾之前分成了大涅瓦河和小涅瓦河两支,前者流向西南,后者流向西北。

糕’,指的什么!”

爸爸说:“对!阿尔弗雷德自己说吧!”

诺贝尔说:“我所说的非常糟糕,不是去救狗,是我非常没有本事!第一,我不会游泳!第二,我不会驾船!”

“你不会,还硬要去救,”路德维格说,“你逞什么能啊?送死啊,你?”

“所以我说非常糟糕!我希望我用小船救活那条狗,我也以为我能够救活它,可是,我没能够,我没本事救活它。”

“好啦,阿尔弗雷德。”爸爸说,“罗伯特和路德维格你们也听见了,阿尔弗雷德从今天的事情里总结出一个结论,那就是:没有本事不行!这个道理,可以推而广之,一个人一辈子没本事,不行!一个国家软弱,也要受欺负!”

“爸爸,”诺贝尔说,“我要长本事!”

诺贝尔后来的本事,为世人所瞩目,他以病弱之躯而顶天立地,就因为他的本事过人。

阅读思考

① 如果你不会游泳,发现有人溺水,你应该怎么办?

② 通过救狗失败这件事,诺贝尔下定了什么决心?

第十一章 独在异乡为异客

28

1850 年,诺贝尔 17 岁。

此时,他和大哥罗伯特、二哥路德维格都在爸爸的工厂里“打工”,成了爸爸的得力助手。俗话说,上山打虎亲兄弟,出征入战父子兵,在俄国人的眼睛里,伊曼纽尔一家的事业如日中天,实在令人羡慕。圣彼得堡的报纸上,不时出现伊曼纽尔和他的工厂的消息,褒奖他们做出的贡献。伊曼纽尔则对记者说,圣彼得堡是我们的第二故乡啊。工厂产销两旺,旧债全部偿清,日子过得有滋有味。卡罗莱娜太太常常跟孩子们说:“但愿上帝慈悲,赐予我们稳稳当当的日子,千万别出意外啊!”

“阿尔弗雷德,”爸爸则对诺贝尔说,“你妈妈指望着上帝赐予我们稳稳当当的日子，但是你想想，上帝不是我们一家的，上帝属于全世界。你再看看这个世界，刀光剑影，兵荒马乱的，有几家几户过着稳稳当当的日子呢？”

阿尔弗雷德自然知道，在这个乱纷纷的世界上，国与国斗，人与人争，哪里有永恒的“稳稳当当”！

“作为发明家，”爸爸说，“我们不能安于现状，我们必须不断超越！”

“明白，”诺贝尔说，“如果有可能，我愿意通过自己不懈的努力，给正义以力量！”

“好啊！”爸爸赞许地说，“给正义以力量，好，因为软弱的正义是难以挺起胸膛的！”

“给正义以力量”，是诺贝尔一生的追求。

为了研制新产品，为了有能力把新产品推销到世界各地，伊曼纽尔鼓励儿子，走出家门，去闯荡，去认知“工厂大门以外”的广阔空间。

“单靠圣彼得堡国家图书馆里那点东西，是远远不够的。”爸爸说，“双脚离地的发明家，注定明天就没有饭吃！”

“以生活为大学”，也是诺贝尔坚持一生的法则。

“再见啦，爸爸！”

“再见啦，妈妈！”

“再见啦，罗伯特、路德维格！再见啦，埃米尔！”

埃米尔，是妈妈来圣彼得堡以后生的小弟弟，比阿尔弗雷德整整小 10 岁。诺贝尔教小弟弟瑞典语和俄语，还给小弟弟做过一个万花筒呢。

埃米尔问诺贝尔:“三哥哥,你什么时候回来呢?”

“等着吧,”阿尔弗雷德想了想,说,“当然我希望,我的番茄树上结出一个大番茄——那时候,我再回来!”

这话,小埃米尔也懂,把人生比喻为番茄树,他也听过不止一次了。而且,诺贝尔曾经把爸爸画成一棵番茄树,树上结满了番茄,每根枝条都被番茄压得弯弯的,像拱桥一样。

小弟弟舍不得小哥哥走,他说:“三哥哥……你结不结番茄,也早早回来哦!”

诺贝尔说:“一定结番茄!一定结番茄!”

“三哥哥,我想你……”

在埃米尔泪水涟涟的目光里,诺贝尔的背影渐行渐远……

29

一双脚板，万水千山。

诺贝尔的终极目的地是美国，可是到达美国，要经过德国、丹麦、意大利和法国。

在法国首都巴黎，他想方设法拜访了好几位科学家，详细了解了发达国家许多方面的科技新成就，颇有耳目一新的感觉。

告别巴黎后，他北渡海峡，来到了英国。当他参观世界博览会时，心情无比激动，那真可谓眼界大开。

来到了美国纽约后，他拜见了父亲的好朋友约翰·埃里克森[①]。诺贝尔在埃里克森这里见识了许多研究课题和实验方法。实习期满后，他又返回了欧洲，继续对各国进行考察。

年轻的诺贝尔，初次离开父母兄弟，独在异乡为异客，周游辗转达三年之久。他身体不好，犯病的时候尤其想念亲人，是强烈的求知欲望鼓舞着他，给他以充实的满足感。他研究机械，研究仪表，而最让他关心的，是世人

① 约翰·埃里克森(1803—1889)：瑞典海军工程师，发明了热式发动机。他长期侨居美国。

大都感到陌生和神秘的一种东西——炸药。

诺贝尔不会忘记在德国南部一处采石场里的见闻。那是在多瑙河的西岸,施瓦本山的东麓,叮叮当当的钢钎声不绝于耳。

他不声不响地来这里考察,已经是第三次了。他站在山塘的外面,倚着一棵老橡树,等待一个时刻。他看到,工人们像蜘蛛吊在细丝上一样把自己悬挂在危崖上,脚蹬着踏板,两人一组抡起铁锤击打钢钎,在山岩上凿孔。诺贝尔明白,岩孔打完,里面装上黑火药,把石头爆破下来,落地就是金钱了。

“多么勇敢的人们啊!”诺贝尔感叹道,“多么辛苦的人们啊！也多亏你们有一副强健的筋骨啊！你们以娇嫩的血肉之躯,挑战顽岩,谈何容易啊!”

忽然,左侧山崖的半腰有人惊呼:“啊哟——啊——”

那声音,绝望惊恐得碎心裂胆,让诺贝尔吃了一惊。

他赶紧侧头看去,只见一名工人正于高高的悬崖间跌落下来,他刚才的呼唤声已戛然而止。

诺贝尔下意识地往前迎去,他提前就张开了两臂,试图托举住那个落入死神之手的人。然而,瘦小的他还没能蹿到坠落点,那个人就噗的一声,提前砸在杂乱的碎石上,一动不动了。

“快快——来人啊——”诺贝尔呼叫道。

嘈杂的呼喊声也随即响起,从不同方向跑来几名工人,围住了血肉模糊的男子。

坠崖人头颈碎裂、四肢折断、血肉模糊、惨不忍睹。估计他在落地前就已经停止了呼吸。

一股寒流袭击了诺贝尔的周身,他觉得双脚不能挪动了。

眼前，唯有几名工人的影子晃来晃去。直到有人在他背后叫喊起来，他才如梦初醒。

“你们总是不小心！总是粗心大意！作孽啊！”

是一名工头模样的中年人，双手掐着腰杆，脸色表现出十分厌恶的样子。他抱怨说：“蠢货！都是蠢货！石头钱不够丧葬钱！还不抬走啊！有什么好看的！”

诺贝尔愣在那里没有立刻走开，他痛惜一条人命就这样在一声呼喊中迅速地消失了。山塘的一阵回旋风把浓烈的血腥气味吹进他的鼻孔，让他有些发晕。他还想了解一下，“石头钱不够丧葬钱”，这到底是为什么呢？

鲜血淋漓的尸体被一辆马车拉走了。那工头命令刚才聚集的人们按部就班地投入工作。诺贝尔听到有人抱怨：矿主发财心切，工人工作时间过长，不堪疲惫，似乎每天要干十七八个小时的活儿。

待那工头走到山塘的外面，诺贝尔上前，小声问他：“先生，您刚才说，石头钱不够丧葬钱，是不是给予遇难工人的赔付很高哇？”

那工头看看异地装束的诺贝尔，狐疑地问：“你是——什么人啊？也开着山塘吗？还是打算买我的石头呢？”

“不，我是过路的，先生。”诺贝尔说，“我不过想问一问，如果一宗生意没有盈利的话，还要经营下去吗？”

那人看看诺贝尔不像个别有用心的歹人，就叹息连声地与他聊起来。

“唉，上一辈人干这个，咱也就跟着干了这个，也算子承父业了吧。”工头说，“下不来货呀。也就是，打不下石头来呀！市场现在是大得很，哪条路上都供不应求，可是打不下石头干着急啊！”

诺贝尔知道，当时，各国都大张旗鼓地开矿山、修路、挖隧道，对石料的需求与日俱增。人们开山采石，用的是黑火药，问题就来了：黑火药的爆炸力太小，根本无法满足新形势的需要。所以，科学家们——法国的布拉科诺、德国的舍恩、英国的弗雷德里克等——都在抓紧研制新型的炸药……

“我听说工人一天干十七八个小时，效率还是不行吗？”

“说老实话，人是尽力了，可是火药没劲儿。——先生，咱们躲一躲，马上要放炮了！”

有工人摇动着小红旗，吹哨子，大声吆呼，要人们找安全地方避险。

诺贝尔和那工头隐蔽到一处安全地带，轰隆轰隆几声巨响，一股股浓烟遮天蔽日，山塘里到处尘土飞扬。可是诺贝尔看到，就像人们常说的“雷声大，雨点儿稀”一样，崩落的石头没有多少。

“您看见了，”工头说，“划拉划拉也装不了几车呀！”

诺贝尔点点头，心想，黑火药哇，黑火药，你老了，你是“老头炸药”了，你应该有个“儿子”接替你的班了！

全世界的人都知道，黑火药是古代的中国人发明的，由硝酸钾、木炭粉和硫黄粉组成。点燃的时候，发生化学反应，硝酸钾迅速分解，放出氧气，使木炭和硫黄剧烈燃烧，一瞬间产生大量的热能和气体；由于体积急剧膨胀，压力猛然增大，于

采石场里，坠崖人的惨状让诺贝尔不忍看下去，一股寒流袭击了他的周身。他发誓，一定要找到替代黑火药的新型炸药，这才有了硝化甘油新型炸药的问世。

名家名言

尽管展现在我面前的是漫无边际的浩瀚大海，可奇怪的是，对我来说，并没有什么新鲜感，因为在此之前，在我的幻想中，已经描绘了一个比这更加广阔的海洋。

名家名言

科学研究的进展及其日益扩充的领域将唤起我们的希望。

是发生爆炸，同时冒出滚滚黑烟。多少年来，黑火药应用在军火、工业、生活等领域，充当着一名重要角色。可是，时代前进了，这位“老头”跟不上了。

“的确是炸药的问题，就没有更好的品种吗？”诺贝尔试探地问那工头。

“哪有？”工头摇起脑瓜，“您听说有吗？——没有！我爷爷我父亲就用的这黑火药，我用的还是这黑火药！我看啊，我儿子我孙子我的重孙子，也还得用这黑火药！”

在后来许多日子里，诺贝尔耳边仿佛总是响着那叮叮当当的锤击声，山场工头那无奈的、期待的眼神儿和那具血肉模糊的尸体，常常在他脑海里浮现。

“老头炸药”的替代品是什么呢？

它将在谁的手里诞生？

我一定要研制出新炸药来！那将是我阿尔弗雷德的番茄！

不久，诺贝尔的目光就牢牢地盯住了一样东西，这东西叫硝化甘油。

阅读思考

① 诺贝尔为什么要去“周游列国”呢？

② 诺贝尔为什么立志要研究炸药？

第十二章 老虎的屁股谁敢摸

30

甘油是什么呢？

甘油，对于我们一般人来说，应该一点都不陌生。你几乎可以在任何一家药店里买到它。

甘油是一种黏糊糊的液体，有甜味（要么咋叫甘油呢），我们常常用甘油来做成这“膏”、那“霜”，冬春季节天干气燥，用来滋润皮肤；制药厂则用它制成“甘油栓”，置入肛门里，用来治疗比较顽固的便秘。

显然，甘油不是炸药。

硝化甘油，则是炸药。

那么，硝化甘油又是怎么回事呢？

那是1847年的事了。意大利著名化学家阿斯卡尼奥·索布雷洛[①]获得了一项了不起的新成果——他把硫酸、硝酸按比例兑在甘油里，制成了一种治疗心脏病的油状液体，这就是人们常说的“硝化甘油”。硝化甘油又名硝酸甘油酯，能治疗心肌梗死，缓解心绞痛。可以毫不夸张地说，它曾挽救过成千上万人的生命。所以，索布雷洛被世人称为“硝化甘油之祖”。

然而，“硝化甘油之祖”可万万没有料到，他的“宝贝儿”有个非常古怪的“脾气”：化学性质特别不稳定，稍一受到摩擦、撞击、碰撞，就会突然起火，甚至发生剧烈爆炸。

人类的科学史，不会忘记索布雷洛遭遇的那次“翻脸”。

那天，索布雷洛制作了400克硝化甘油，他想做一做更为深入的研究——比如，改变一下硝酸与甘油的相对比例，看看会有怎样的结果。可是，他甚至永远不能回忆起到底怎样操作失当，突然一声巨响，他就被烈火浓烟包围，重重地跌倒在地板上了——硝化甘油发生了爆炸。

索布雷洛面目全非，衣服烧烂，实验器材损毁严重。家人和朋友来医院探望他，询问他出了什么事，他只说：“怪异啊！怪异啊！”因为他一向作风严谨，本不是个毛手毛脚的人啊！

在后来的日子里，索布雷洛常常盯着桌子上的硝化甘油出神，就像盯着一个潘多拉盒子，他不知道里面装着怎样的祸害和灾难。他庆幸自己保住了一条命，可是他接连不断地做噩梦——硝化甘油爆炸，爆炸，爆炸……

---

① 阿斯卡尼奥·索布雷洛(1812—1888)：意大利都灵大学化学家。

这次教训,让他得出了这样一个结论:硝化甘油是“魔鬼材料”,万万不可“招惹”。

索布雷洛“被炸”一事广为流传,引起了同时代的许多科学家的关注。他们都小心翼翼地做过实验,得出的结论是一致的——硝化甘油的确是“魔鬼材料”,除了让它医病,谁也不要再有“非分之想”。

于是,硝化甘油问世几十年来,人们只能拿它作为药品,用来治疗心绞痛,没人敢拿它当炸药。倘若硝化甘油有灵,它也许会这样说吧:“老子可是有性格的,谁敢在太岁头上动土?”

诺贝尔当初的家庭教师津宁教授,虽说年纪不大,却患有心脏病,他就经常随身携带着硝化甘油,以备急用。诺贝尔也正是从津宁教授这里接触了“魔鬼材料”硝化甘油。

那天,津宁教授讲着课心脏病就发作了,胸闷、气短、满脸的冷汗珠。诺贝尔着了慌,要去请医生。津宁教授说:“算了,医生也没有别的法子,我有准备。”

津宁教授赶紧掏出硝化甘油来。他用的是油剂。只需取粟米大的一小滴,滴在舌根下面,闭眼不动,等待着微血管的吸收。

诺贝尔没见过这场景,不知所措地守候着、观察着。

津宁教授的症状很快有所缓解了,脸色由煞白而红润。

诺贝尔问:“老师,好些啦?您用的这药,效果不错,是吗?”

津宁教授告诉诺贝尔："硝化甘油治疗心绞痛，目前是首选药了，据我所知，还没有什么药更强于它。"

"我听说硝化甘油是可燃的，或者说是易燃的，属实吗？"

"非常敏感！"教授说，"我试过的。你如果有兴趣，来看一看吧！"

津宁教授认定，有了诺贝尔，"世间应该出一个天才"，他非常器重诺贝尔。他知道诺贝尔热爱化学，父亲伊曼纽尔又是"雷大王"，诺贝尔对炸药有兴趣自然不足为怪，所以他肯于为诺贝尔演示硝化甘油。

津宁教授在玻璃板上滴了一小滴硝化甘油。"可不要多了！"他说着，把一根火柴擦着，慢慢地凑近硝化甘油。呼！火焰一下子高高地蹿起来，把诺贝尔和小心着的津宁教授都吓了一跳。

"怎么样？"津宁教授说，"看清了吧？如果是在密封状态下，毫无疑问，已经发生爆炸了！"

诺贝尔后来也听说索布雷洛遭遇硝化甘油"翻脸"的事，也知道许多科学家把硝化甘油称作"魔鬼材料"。可是他想，爆炸，是硝化甘油一种称得上强大的本领，难道人类就只能让它当药用吗？那不是"屈才"吗？

"跟一般的实验不同，这东西性命攸关，你可千万不能乱来啊！"津宁教授可能意识到诺贝尔思想活跃，勇于冒险，他立马提醒道，"索布雷洛死里逃生，算是幸运！所有的科学家都放弃了它，就因为它无法控制，犹如死神啊！常言说得好，老虎的屁股摸不得！"

出于尊敬和礼貌,诺贝尔点了点头。

让津宁教授没料到的是,诺贝尔从此就与硝化甘油结下了“不解之缘”,一种强烈的使命感让他下定决心,誓与“死神”共舞到底。

将硝化甘油作为炸药来研究,是一个被众多科学家认为太危险而放弃的课题。诺贝尔迎难而上,在圣彼得堡就发起了挑战。他执著不变的人生理念就是:敢于冒险、勇于探索、不怕献身,否则就没有科学的进步与发展。

31

1853 年 10 月,一场后来持续了三年的克里米亚战争爆发了,战火和硝烟,流血和死亡,震撼了整个欧洲大陆。

战争的实质非常明确,就是争夺巴尔干半岛的控制权。英国、法国、土耳其、撒丁王国[①]等,先后向野心勃勃的俄国宣战。因为主战场设在克里米亚,故史称“克里米亚战争”。俗话说,能狼不能敌众犬,战争一直打到 1856 年,最后以俄国的失败而收场。

诺贝尔一家人谁不记得,14 年前,他们喜气洋洋地从斯德哥尔摩迁到了圣彼得堡,在异国他乡安了家,落了户,过上了虽然辛苦却也丰衣足食的好日子。十多年来,顺风顺水,兄弟四人的学业大有长进,劳动技能得到锻炼;而他们的工厂,在俄国乃至欧洲都已经赫赫有名。一家人也不会忘记,妈妈

---

① 撒丁王国:亦称皮埃蒙特-撒丁王国,意大利境内的封建王国之一。

当初居安思危，曾经祈祷过“上帝慈悲，赐予我们稳稳当当的日子，千万别出意外”，看看吧，正所谓天有不测风云，人有旦夕祸福，怕来意外，意外就真的来了。

这是怎样的 3 年啊！几个国家，红着眼睛以兵戎相见，竟给诺贝尔家庭造就了一段大起大落欲哭无泪的兴衰史——

那是 1853 年，20 岁的诺贝尔赴欧美留学考察三年后，怀揣着一个炸药梦回到了圣彼得堡。此时正逢战争打响，俄国军队急需各种武器装备，大批的订货单如同雪片飞来，让人应接不暇。诺贝尔家的工厂兴隆得如火如荼。水雷、火枪、铁路器材、大炮、蒸汽机……均由这家企业制造。零库存，供不应求，面对这样紧迫而乐观的形势，诺贝尔不得不先把炸药研究的课题放一放，同两位哥哥一起在父亲的企业里昼夜奋战。

大哥罗伯特已经成熟得能够独当一面，他和父亲一起，在芬兰的港口以及圣彼得堡的战略要地，布下了一支“不吃粮饷的军队”——水雷群。与预期的效果完全一样，水雷有效地抵御了英法舰队的进攻，大大增强了俄军的防预能力。就在这一年，伊曼纽尔被沙皇授予帝国金质奖章。对于一个外国人来说，这实在是大红大紫至高无上的荣誉了。由于战争的不断升级，军需严重匮乏，火烧眉毛的俄国政府要伊曼纽尔迅速增建工厂，大规模投入设备，扩招大批工人。沙皇当局许诺，保证战后继续订购他们的产品。

“爸爸，”诺贝尔却忧心忡忡，“我们如此大规模地投入，贷以巨款，大增员工，倘若有朝一日失去销路，我们会沉船的!”

老于世故的伊曼纽尔,何尝看不到风险。“你说的没错,阿尔弗雷德。”他说,“可是,我们想抵制,也难啊! 政府盯着前线,已经打红了眼,生死存亡未卜,我们此刻跟它掰腕子,掰不过的。”

“他们现在想活,却未必在乎我们今后的死啊!”罗伯特也说。

伊曼纽尔就找到当局,直言不讳地陈述了自己的忧虑。当局于情急之下倒是痛快,与伊曼纽尔信誓旦旦签下了白纸黑字红图章的契约。

打呀,打呀,战争从胶着状态到渐渐明晰,1856 年,接近尾声,最后,四面楚歌的俄国告败,不得不与敌方签订了《巴黎和约》。这时候,沙皇尼古拉一世已经去了天堂,新政府不买旧账,跟诺贝尔一家耍赖,撕毁了一切契约,而且无力贷款给伊曼纽尔。于是,诺贝尔家族的事业被诺贝尔言中,就像一叶小舟遭遇了狂风巨浪,眨眼之间遭遇了灭顶之灾。

“不行! 我们不能就这么算了!”16 岁的小弟弟埃米尔,要找当局算账。

“作为政府,怎么可以如此背信弃义!”二哥路德维格也是气愤难平。

诺贝尔则叹息道:“找也是白找啊。狗应该钻洞,可它为什么跳墙呢? 因为急了嘛,狗急了才跳墙! 狗急了就要跳墙! 人类的语言里既然有‘背信弃义’,那应该是有它的用处的!”

伊曼纽尔叫天天不应,喊地地不灵,走投无路,只好宣告破产。

“我们……山穷水尽了……”伊曼纽尔痛苦地面对妻儿,“天绝人路,谁人有力回天!”

“爸爸,”诺贝尔安慰父亲道,“您也别太伤心了,天塌不了,太阳还会升起的!我们——改弦更张!”

“我就不异想天开啦!”伊曼纽尔心情极度败坏,“回老家吧!”

爸爸决定回国。

诺贝尔知道,爸爸拥有过太多的辉煌,拥有过至高的荣誉,巨大的落差让他锥心刺骨。“也好啊,爸爸,”他说,“您和妈妈走吧,换换环境,调整一下心情,多多保重身体!”

1859年,伊曼纽尔带着妻子和小儿子埃米尔,回了瑞典。他们仍然住在斯德哥尔摩。此时的家境,居然再现了22年前的窘况:负债累累,节衣缩食。

我们诺贝尔家族的太阳,还会升起来吗?

——卡罗莱娜太太回忆着三儿子阿尔弗雷德的“吉言”,常常长夜无眠。

32

诺贝尔和两个哥哥为什么留在了圣彼得堡不回瑞典呢?

他们试图利用旧摊子,通过打拼,尽量挽回一点损失。

年轻的诺贝尔果然显露锋芒，诚如当年津宁先生所说，“特殊的勤奋与超人的悟性融为一体”，他在圣彼得堡竟获得了三项发明的专利权：1857 年的气体计量仪，1859 年的液体计量仪，以及同年的“改良型”气压计或流体压力计。虽然由于市场过于狭窄，这些发明没能引起太大的反响，可是坚定了他“创造性工作”的信心。

1863 年，蜗居瑞典的父亲，突然招呼诺贝尔回去。

父亲要干什么呢？诺贝尔想不出。离开生活了 21 年的第二故乡圣彼得堡，回到斯德哥尔摩父亲身边，原来老人家在研究炸药！

好啊，炸药，诺贝尔觉得，自己这回将走进一个梦里。

“爸爸，您在研究硝化甘油吗？”他问。

“当然！”父亲兴致还不错，“你不是说，黑火药已经成为老头，硝化甘油将成为它的儿子吗？”

“是啊，我是这样认为的。”诺贝尔说，“您有了怎样的新思路呢？”

“掺！”爸爸说，“一个字啊，掺！把‘老头’和‘儿子’掺和在一起，爆炸力不就大了吗？”

“您试验过啦？”

“试验过。我把十分之一的硝化甘油掺到黑色炸药里，这应该叫‘强化炸药’了吧，威力果然提高不少！轰——挺厉害的！”

“仅仅十分之一吗？”诺贝尔觉得，硝化甘油的比例太微不足道了。“您不觉得太少？——那您发现什么问题没有？”

“问题？有，有一个问题——”父亲啧啧地嘬牙花子，说：“它说炸就炸，不受我们控制！”

妈妈拿来一件黑色夹克和一条蓝色裤子，抖给诺贝尔看。那上面尽是大大小小煳焦的窟窿。“看看吧，你爸爸的皮肉结实，算没烂，它们可都成猫嚼的狗咬的啦！”

伊曼纽尔颠着四方下巴嘿嘿地乐。原来，他想去个僻静地方做爆炸实验，结果没走出一条胡同，炸药就自动炸了。幸亏炸药量不大，只是衣服开了花，皮肉受了伤，没丢掉性命。

“咱们这儿的左邻右舍已经有怨言了，”妈妈说，“都怕我们殃及了他们。有的说得更难听，甚至诅咒你爸爸，早点在僻静之处把自己炸死，免得……”

“哪有那么严重！”爸爸搪塞说，“大多数人对伊曼纽尔还是很尊敬的！”

“爸爸，”诺贝尔说，“我跟您想的完全不一样。”

诺贝尔想说，爸爸您那“混合型”的炸药，其实就是“凑合型”的，太保守了，十分之一的硝化甘油才有多大劲儿！可是话到唇边，他没好意思说出来。他认为，不要再让黑火药担当重任了，就单一地使用“儿子”，让硝化甘油彻底改换身份——从医药变成炸药。

“那可不行！”老诺贝尔的口气是斩钉截铁的，“我说不行就不行！硝化甘油是什么东西，是魔鬼，全世界的科学家无人不知，无人不晓！我们可以没有钱，但是不能没有命！”

“爸爸！有些事物，我们对它的认知由不明确到明确……”

“难道你对硝化甘油的认知还不够明确？你还要多明确呢？它的力量过于凶猛，凶猛得连上帝都无法估量，比老虎还难以驯服！”

诺贝尔说：“我想要的，恰恰就是它的凶猛！有气无力的黑火药，实在是太落伍了！”

“阿尔弗雷德，你什么时候学得固执了！难道这就是你的改弦更张吗？我不希望在我的有生之年，看见你盲目地去寻找硝化甘油这颗所谓的番茄！”

“好吧，爸爸……”

诺贝尔想说，等你老人家百年之后我再去研究它，可这样的话会把老人家气死的。

“好吧，爸爸，”他说，“我琢磨点别的……”

伊曼纽尔开始对儿子不放心起来。他特别对妻子说：“卡罗莱娜，你要注意，我觉得阿尔弗雷德有点鬼迷心窍，他是非闹出点什么祸事不可了！硝化甘油，我明白，当年索布雷洛没炸死，也就是他的用量非常少；他的用量如果再大一点，粉身碎骨就是他的结局！你要跟阿尔弗雷德好好谈谈，你要紧盯着那浑小子。他在仪表方面取得过几项专利权，怕是他就飘飘然了。可那跟硝化甘油不是一回事！我今天劝他，他眼神儿根本就不对，他八成是在敷衍我！”

卡罗莱娜太太被丈夫说的话吓坏了，她可不能失去心爱的阿尔弗雷德。“那我有什么办法呢？”她问丈夫，“我又不能把他摁在摇篮里！”

“是啊,他……是啊……”伊曼纽尔想得非常吃力,他忽然说,“我看这么着,你让他给你画押一张字据,让他保证不去碰硝化甘油!”

卡罗莱娜太太真的把诺贝尔叫来,命令儿子写了一张“字据”,而且让儿子画押。诺贝尔笑道:“妈妈,您这是干什么呀!”

“我不让你玩硝化甘油！我害怕！你爸爸也害怕!”

“可是用得着这样吗？还要立什么字据?”

卡罗莱娜太太咬着嘴角,注视着儿子的眼睛,说:“阿尔弗雷德,你呀,你没当过父母,你不懂啊!”

卡罗莱娜太太流下两行泪来,这给诺贝尔留下了刻骨铭心的记忆……

如果说诺贝尔一生也曾经“诺而不信”,那就是没有履行他给妈妈立下的这份“字据”。

此后,诺贝尔好几年如一日,三更灯火五更鸡,一直埋头于硝化甘油炸药的研究。

有两个难题,把他的脚给绊住了:

一个是,硝化甘油非常容易自行爆炸,这比爸爸那“凑合型”炸药更可怕;另一个问题,硝化甘油是液体,运输不方便,使用更不方便,也非常不安全。这两个难题合在一起,成为一个最突出的问题,就是:硝化甘油这种烈性炸药犹如猛虎,容易成为杀人毁物的元凶。

硝化甘油啊,硝化甘油,你的老虎笼头在哪里呢?

——这就是著名的“诺贝尔之问”。

诺贝尔经年累月，百折不挠，跋涉在寻找这个“笼头”的征途中……

阅读思考

① 同样是研究炸药，诺贝尔与爸爸的思路有什么不同？

② 硝化甘油炸药一个最大的缺点是什么？

第十三章 雷管就是虎笼头

33

诺贝尔一心要硝化甘油“改换门庭”，把它由一种药物变成炸药，拦路虎就是安全问题。他认为安全问题的要害，就是一个引爆的问题。试想，谁敢去给这种威力无比的炸药点火呢？——那无异于去送死啊！

他需要一种用来引爆的物质，也需要一种容纳这种引爆物质的结构方式。他的思路是，唯有通过理想的、科学的引爆物质，和合理的、便于制作和使用的结构方式，来佐以缓冲，让硝化甘油的操作者能够按照自己的意愿控制爆炸时间，从容不迫地回避风险——这样，硝化甘油才可以当作炸药大显身手。

一个说了千遍万遍的话题，一个磨破了嘴皮子的话题，一个在父子之间你来我去，似乎已经辨不出一丝新意的话题——诺贝尔还是念念不忘。

一晃好几年过去了，伊曼纽尔当然知道，儿子从那天起就把“字据”当作了“儿戏”。他知道，就算你用铁链子把儿子锁起来，那也是锁得住人，锁不住心。只要见了面，他还会“顽拗”地谈他的“胡思乱想”。

“爸爸，我在想，”诺贝尔对父亲说，“硝化甘油的点火，应该有文章可做啊！”

“嗯，你就说说吧，阿尔弗雷德，又有什么胡思乱想让你着迷了？”

父亲听了儿子的构想，毫无兴趣地说：“给硝化甘油这只老虎戴上‘笼头’，让它服服帖帖听任摆布，那敢情好，可是你觉不觉得这算盘打得过于迷茫啊！”

伊曼纽尔虽然堪称能工巧匠，却并没有多少知识功底，他觉得儿子的设想不够实际，有点像“拿着烧火棍子打星星”。

“爸爸，”诺贝尔笑笑说，“想来，您在圣彼得堡，也曾把不少的渺茫变成一沓一沓的订单啊！”

“哦……”

这回轮到父亲点头了。儿子肯定了他的想象力和创造力，这话，他爱听。他说：“是啊，是，没错。俄国人的钱，爸爸也没少赚，其中有一些，也真的是用渺茫赚来的呢！——那你，行啊，大海捞针，你就捞吧！只是——还是那句话，小心，小心，再小心！”

就在爸爸的实验室里，作为化学家的诺贝尔，不停地思考

诺贝尔将装满硝化甘油的玻璃管塞紧，然后把它放进一个稍粗的金属管内；在两管的缝隙里填入黑火药，又将一根长长的导火索插进黑火药里，最后封紧金属管口。他点燃导火索，导火索嗤嗤地冒出火星，诺贝尔挥臂一甩，“双套管炸弹”拖着一条火星四射的尾巴，噗通一声落进河里，沉了下去。过了一会儿，只听轰的一声，“硝化甘油延迟爆炸实验”成功了。

名家名言

生命，那是自然付给人类去雕琢的宝石。

名家名言

我看不出我应得到任何荣誉，我对此也没有兴趣。

着,不停地实验着,不停地颠覆再肯定,肯定再颠覆。一种又一种的材料更换使用,一种又一种的比例反复对照,一种又一种的操作顺序汰劣择优。妈妈招呼吃饭,他光答应,屁股不动;妈妈把饭菜端来,他眼睛不离开试管或天平。诺贝尔先天不良的健康状况之所以一辈子都没能得到改善,是因为他过度地痴迷工作。"劳逸结合"、"张弛有度"、"延年益寿"等等一些养生学的概念,他也不是一窍不通,而是"没工夫搭理它"。有人说,诺贝尔是一个废寝忘食的人;有人说,诺贝尔是一名工作狂,这都不算夸张。

在数十次的实验中,有一项实验,因为十分重要而被载入了人类科学发展史——

那天,他在一个玻璃管里装满了硝化甘油,把管口塞紧,然后把这个玻璃管放进一个稍粗大一点的金属管内。在粗细相套的两个玻璃管之间的缝隙里,他填充了黑火药。

"阿尔弗雷德,你住手吧!"爸爸刚才进来诺贝尔没注意,可是爸爸已经盯着他了。老父亲警惕地问他:"你想怎样呢?你想点燃吗?你要碰碰面前这两只老虎吗?不行!——灾难!"

诺贝尔说:"不,爸爸,我不点燃。"

诺贝尔拿来一根长长的导火索,插进黑火药里。之后,他把金属管口封紧了。

"爸爸,"他说,"我要给爆炸留出足够的等待时间——我说的是等待时间!"

"可你所引燃的,只是黑火药,"爸爸说,"玻璃管里的那些硝化甘油,能不能完全爆炸呢?”

“这就是我要追寻的答案!”诺贝尔说,“黑火药不过是起爆物质,硝化甘油才是爆炸的主角。我要搞明白,我用黑火药的小爆炸能不能引起硝化甘油的大爆炸!爸爸,我要去河边!”

“走,我也去看看!”

伊曼纽尔跟着儿子,来到了寂静无人的小河边。

“爸爸,我要把这双套管炸弹扔到水里去,看看它到底会有怎样的表现!”

诺贝尔点燃了导火索。

“快扔啊!”爸爸催促道。

“没事儿,爸爸,导火索足够长嘛!”

导火索嗤嗤地冒出火星,诺贝尔挥臂一甩,“双套管炸弹”拖着一条火星四射的尾巴,“扑通”一声落进河里,沉了下去。

作为“雷大王”的伊曼纽尔,习惯地蹲下来。

有气泡像乱珠子似的翻上水面。伊曼纽尔说:“黑火药可能已经烧完了,硝化甘油咋没动静啊?”

不料,他的话音刚落——轰!

剧烈的爆炸发生了,震耳欲聋,水柱冲天,河岸发抖。

“啊——”老诺贝尔仿佛大梦初醒,一下子站起来,抱住儿子,紧紧箍住,左摇右摇。“啊,阿尔弗雷德,我们成功啦!成功啦!啊——”

爸爸一松手,诺贝尔坐在地上,张开两臂躺下来,闭上眼睛,陶醉着,一言不发……

34

类似的实验——用导火索引爆黑火药,用黑火药引爆硝化甘油——诺贝尔在梅拉伦湖边做过,在奥斯塔湾畔做过,在斯德哥尔摩郊外的田野里也做过。在田野里的实验,与投进水里不同——他让人以钢钎在冻土上打深孔,置入“炸弹”,以导火索引爆后,掘地为大坑,崩下来的土方达十多立方米,围观的老百姓吃惊地说:“听说过山崩,没听说过地也崩啊!”

经过反复试验,诺贝尔得到了一个非常重要的结论:在严格密封的容器内,少量的黑色火药先行爆炸,可以引起分隔开来的硝化甘油的完全爆炸。

科学没有止境,诺贝尔继续探寻,实验一个接一个。到1863 年的年底,几十次几百次实验做下来,诺贝尔终于有了一个新发现:雷酸汞①最适合做硝化甘油的引爆材料。

他将雷酸汞装进细小的铁管,从管中引出一条导火索,然后把这根小铁管插入硝化甘油中,完成密封。当导火索被点燃,引爆了雷酸汞,硝化甘油也就全部实现爆炸。这样一来,在人类生产生活中活跃了几百年的黑火药老头,“退休”了,被诺贝尔以雷酸汞取代了。

用雷酸汞制成的引爆管,就叫“雷管”。

---

① 雷酸汞:化学品,干燥时对震动和摩擦极敏感,而且容易被火星和火焰引起爆炸。可以加入油、脂肪或石蜡使之钝化。

雷管解决了硝化甘油炸药“点火难”的问题,被人称为“给老虎戴上了一具笼头”。

一百多年过去了,“雷管”这名字,一直沿用到今天。

“爸爸,我要走啦!”被巨大成功鼓舞着的诺贝尔,恨不得一天跑遍全世界。

“你去哪儿啊,阿尔弗雷德?”爸爸唯恐儿子乐极生悲。

“我哪儿都应该去!”诺贝尔说,“需要阿尔弗雷德的地方,应该说是太多啦!”

诺贝尔说的是,全世界哪儿都需要雷管和硝化甘油炸药。

“一定要走吗?”老妈妈问,“要去好久?”

“是啊,”诺贝尔说,“不出门口哪行? 妈妈您有事?”

“既然一定要走,让我跟你去吧!”妈妈说,“你自己不行!”

“您?”诺贝尔大惑不解,“您去做什么呀,我的老妈妈哟!”

“我只怕你把自己累坏了!”妈妈说,“有人管着你你都不肯吃饭,没人管你,你不把自己活活饿死才怪!”

“不——妈妈放心吧!”诺贝尔眉开眼笑地说,“阿尔弗雷德获得成功之后,哪儿还有不吃饭的道理? 我会一日三餐一日四餐的! 我会吃得胖胖的,等回家的时候妈妈不认得我啦!”

“这可是你说的,阿尔弗雷德! 你不能再骗我!”

“让他去吧,”爸爸说,“现在,就是拿绳子捆他,也拴不住阿尔弗雷德了!”

诺贝尔赶紧带着他的雷管和硝化甘油炸药,东奔西跑,到全国各地去演示。他知道,如今,仍然是黑火药一统天下,他必须说服人们,信任他的发明,使用他的新产品,与黑火药老头说拜拜。

叮!叮!叮!山塘里铁锤击打钢钎的声音,唤醒了他10多年前在德国的记忆。发生在施瓦本山麓那个采石场里工人坠崖惨死的一幕,恍如就在眼前。那工头说过,“我爷爷我父亲就用的这黑火药……我看我儿子我孙子我的重孙子,也还得用这黑火药!”诺贝尔记得那工头无奈的目光。“你等我吧,”诺贝尔心里说,“我会让你的生意一本万利!”

不过,这里不是德国,这是在斯德哥尔摩的山塘里。德国,我会去的;美国,我也会去的,全世界我都要去,只不过现在是“千里之行,始于足下”罢了。

“先生,我希望您不要拒绝见识一个奇迹!”

诺贝尔满怀信心地对一位山塘的老板“夸海口”。

老板问他,奇迹何来。诺贝尔说:“为了让更多的人见证奇迹,我乐意为您免费开采一次花岗岩!我们定在明天好吗?”

“明天怎样进行呢?”老板问道,“我急着采石头供应客商,分秒不能耽误,再糊涂也不能拿时间开玩笑啊!”

“您可以照常安排工人打凿岩孔,只是爆破的时候部分岩孔改用我的新炸药——我免费让您试用。”

当老板半信半疑地答应了诺贝尔的安排后，他就去赶忙邀请“看客”了。他邀请了媒体记者，矿主、工程师、技术员、采购商，还有不少喜欢看热闹的当地老乡。

天近中午，半个工作日的岩孔打完，下面的工序就是填装火药实施爆破了。诺贝尔对老板说：“下面我们就来做一次对比。请留下几个岩孔，装填我的炸药！”

工人们留下4个岩孔空着，其余的岩孔装填了传统的黑火药。

为了稳妥，诺贝尔决定亲自动手。他有些笨拙地爬上山崖，将他的爆炸油——硝化甘油——徐徐灌进了那4个相邻的岩孔里。然后，一一插入雷管，导出引线，再爬下来。这一上一下，让并不强壮的诺贝尔气喘吁吁，汗流浃背，而且多处皮肤擦伤。

“请大家到更远的地方去躲避，待在近处不安全！”他喊道，“越远越好！”

有的人认为走得稍远些即可，理由是用不着，诺贝尔说：“不行！我的新炸药会把石头送上天空，会打出很远很远！请到远处躲避吧！”

等人们完全进入了安全地带后，工人们点燃了每一条导火索，然后撤离。

轰！

轰！

轰，轰！

在连续不断的爆炸声中，有四声特殊的巨响，引得大地颤抖，宛如山崩地裂一般。像柜子一样的大石块从崖上脱落，翻滚下来，中小石块则像冰雹一样从天而降。

不比不知道，一比吓一跳，如此强大的爆破力，让老板和所有在场的人目瞪口呆。相比之下，黑火药老头的爆炸力就显得过于逊色了。

……

诺贝尔马不停蹄，带上爆炸油和雷管，到各地的石矿、铅矿、煤矿、公路工地、铁路工地、水利工地……去演示，做宣传。硝化甘油炸药的巨大威力和雷管的便捷使用，征服了所有的目击者。这个振奋人心的消息顿时口耳相传，并且在报纸和杂志上频频报道，这个消息震动了全世界。

诺贝尔最先在本土瑞典取得了雷管制造、雷管引爆硝化甘油、硝化甘油生产的三项专利权。不久，在英国、法国、德国、俄国、比利时等国也取得了专利权。

诺贝尔本人曾经这样说过：

"硝化甘油的真正纪元，是从1864年开始的。当年，一管纯硝化甘油，头一次被一个装着火药的分管引起了爆炸。"

在《帝国化学公司诺贝尔部的研究历史》一文中，作者迈尔斯这样写道：

"……运用雷管作为炸药的引爆手段，这在炸药的原理和应用方面，当然是一项前所未有的最伟大的发现。"

硝化甘油被"大材小用"的历史就这样结束了，它再也不仅仅作为药物，来缓解病人的心绞痛；它是威力巨大的生产力，可以移山造海。

诺贝尔好一番奔波辗转之后，回到斯德哥尔摩。当他走进房间的时候，卡罗莱娜太太专注地看着他，然后抱住他，哭泣起来。

诺贝尔愣了。“妈妈，为什么呀？您……您是不是听信了什么关于儿子不吉利的传言啊？”

妈妈只是哭泣，不说话。

“妈妈，我成功了您知道吗？您应该高兴啊！”

“亲爱的阿尔弗雷德，妈妈的好儿子啊，”卡罗莱娜敲打着诺贝尔的后背，恨恨地，哭泣着说，“你就不要命啦？你照照镜子，你看看你，你看看你的模样吧……”

原来，此时的诺贝尔已经累得疲惫不堪，头发蓬乱、瘦骨嶙峋、脸色暗黄、嘴唇干裂——太憔悴了。

“你怎么一拐一瘸的？”妈妈盯着他的脚。“你给我把鞋脱了！”

诺贝尔只好乖乖地脱下鞋——卡罗莱娜太太看见儿子两只脚掌打了血泡，跟烂樱桃似的。

“哦——妈妈，”诺贝尔故意轻描淡写，在椅子上擂胸脯，安慰妈妈，“不疼，没事儿！阿尔弗雷德很健康！呵呵！”

儿子的目光里，闪耀着非同一般的坚毅和乐观。

可是妈妈擦着眼泪说：“你……你就嘴硬！”

诺贝尔笑着说：“亲爱的妈妈，人生在世，如果不愿意当小偷和强盗，那么收获只能来自耕耘啊！——阿尔弗雷德可不想把自己挂在墙上睡觉！”

一辈子争强好胜,倔强执拗,曾经与儿子发生过摩擦与争执,轻易不肯把颂扬之词赠予他人的伊曼纽尔先生——现在,也不能不佩服儿子的厉害了。他曾在写给小舅子路德维格·阿尔塞尔的一封信里这样说:

"我的好学而勤奋的阿尔弗里德……受到父母的器重和兄弟们的高度尊敬,这是因为他有着无与伦比的学识和不屈不挠的工作精神。"

诺贝尔的这位舅舅对诺贝尔说过:"你老爸佩服过谁?你知足吧,诺贝尔!"

阅读思考

① 雷管之所以非常重要,是因为它解决了硝化甘油的____问题。

② 诺贝尔从外地回来,妈妈一见他就哭了,这是为什么呢?

第十四章 埃米尔之殇

35

“喂！妈妈！妈妈在家吗？——我回来啦！埃米尔回来啦！”

1864年，诺贝尔的小弟弟埃米尔21岁，已是乌普萨拉大学一年级的新生了。

“来啦来啦！”卡罗莱娜太太从厨房里急忙走出来，目光搜索儿子的身后。

“妈妈，您看什么哪？”儿子摸摸后衣襟，疑惑地问。

“没有……妈没看什么……”妈妈说。其实，她想看看儿子是不是带来了姑娘。诺贝尔到如今没娶个媳妇来，埃米尔可不能跟他三哥学。

“就你自己吗？”妈妈还是问。

“是呀，”儿子还有点愣，“学校放假，同学们各回各的家，各找各的妈呀！”

看着英气勃勃的小伙子，妈妈心里非常熨帖。“想吃啥？妈妈给你做！”

“我三哥呢？三哥没回家吗？”

“家呀，对阿尔弗雷德来说，就跟旅店差不多了。他整天脚不沾地，东窜西窜，连斯德哥尔摩也很少待！”

“妈妈，人们得知我是阿尔弗雷德的亲弟弟，嗨，可高看我啦！名人效应！名人效应！”

妈妈最关心的是儿子在学校里吃得好不好，睡得行不行。她担心埃米尔也像诺贝尔那样搞坏了身体。还好，埃米尔高高大大，虎背熊腰。“先找点东西吃，如果困，就去睡吧，饭熟了妈妈叫你！”

这时候，赶巧诺贝尔回来了。哥俩一见面，亲热得又搂又抱。妈妈在一旁笑眯眯地看不够。

“你想气死我！”诺贝尔笑着说，“又长个儿啦，跟你比，我成干巴老头啦！”

埃米尔出生的时候，一家人还在俄国的圣彼得堡。诺贝尔每逢从学校回来，都为埃米尔画画儿，折纸，让弟弟骑上他当大马。埃米尔稍稍长大些，也像哥哥们一样，喜欢动脑，动手，常常摆弄天平、试管、烧杯和各种机器。

“埃米尔啊，”诺贝尔对小弟弟说，“乌普萨拉大学，可是一所著名的大学，人才辈出啊！你一定听说过奥洛夫·鲁德贝克[1]吧？听说过卡尔·冯·林奈[2]等几位科学家吧？”

“是的，听说了。”埃米尔说，“校长在开学典礼大会上，讲到好几位著名教授和校友。奥洛夫·鲁德贝克、卡尔·冯·林奈，等等，都是我们学校和我们瑞典国的骄傲。”

“他们，就是我们的榜样啊！”诺贝尔说，“埃米尔你可一定要有出息！爸爸说过，人嘛，出现在天上，就是星星和月亮；落在草丛里，就是蘑菇！爸爸和你的三个哥哥，都没进过大学校门，后来自学了一点东西，困难重重不必说，知识不系统啊，支离破碎的，总是没根底啊！”

“三哥，”埃米尔说，“你比我大 10 岁，我看你已经称得上功成名就了。我们学校里许多人都知道你。给我 10 年时间，我能够赶得上你吗？——说句实话，我不知道，真的不知道。”

“为什么？为什么？为什么赶不上我！”诺贝尔瞪起眼睛，盯视着埃米尔，说，“你说这话没出息呀！埃米尔你可知道，10 年，那是三四千个工作日啊！你以为三哥是神仙吗？你看看你，强壮得跟牤牛似的，哪像我东倒西晃的，简直一棵风中草！而且，你会俄语，会瑞典语，我的俄语可是后来在圣彼得堡补的课。我们换一个角度说吧，你在圣彼得堡爸爸的工厂里也没白待，耳濡目染，那都是学问啊！你凭什么说 10 年以后赶不上我？凭什么呀？”

---

① 奥洛夫·鲁德贝克（1630—1702）：瑞典乌普萨拉大学医学教授，他首先发现了淋巴管，被誉为“瑞典对科学史所做出的第一次独立贡献”。

② 卡尔·冯·林奈（1707—1778）：瑞典乌普萨拉大学毕业生，现代生物学分类命名的奠基人。

埃米尔吃了一顿“机关枪”，仔细想想，是啊，论条件，自己没有哪一样不及三哥。

“好！”埃米尔信心满满地说，“三哥哥，我一定珍惜时光，好好学习知识，我争取10年——不，我争取在五六年或者六七年之内，搞出像模像样的成果，撵上三哥哥！”

“好嘛！”诺贝尔就和弟弟紧紧握了握手。

36

埃米尔虽然为一家人所钟爱，他身上却并没有一点娇生惯养的痕迹。

自从上小学，老师和同学们就公认他聪明伶俐，勤奋好学。在大学里，他跟他的女朋友说：“你知道吗，我的眼前有四面旗帜在飘扬，我不能原谅自己的放纵和怠惰！”

他所说的“四面旗帜”，指爸爸伊曼纽尔先生，一位实业家、发明家，连沙皇尼古拉一世都给爸爸颁发了金质奖章；大哥罗伯特和二哥路德维格以及三哥阿尔弗雷德，都在爸爸开创事业的道路上干得有声有色；特别是三哥阿尔弗雷德，志向高远，思路开阔，年纪轻轻就接连不断地获得发明专利权。有了这样的带头人，自己岂能碌碌无为呢？他在自家的工厂里帮助工作的时候，对化学实验表现出浓厚的兴趣，而且，操作机器也非常有门道。最不爱当面夸奖人的爸爸背地跟妈妈说：“亲爱的，我怎么想起津宁先生来，他谈论咱们的阿尔弗雷德所说的那句话，好像也适合咱们的埃米尔——特殊的勤奋,与超人的悟性融为一体,如果没有极其意外的事情发生,世间应该出一个天才! 咱们的埃米尔,又是一棵好苗子你信吗?"

"我怎么不信!"卡罗莱娜太太开心地说,"三儿子阿尔弗雷德,已经超过了你,等四儿子埃米尔也超过你,看你那张老脸往哪儿搁!"

伊曼纽尔就嘿嘿地乐,坚毅的四方下巴打着哆嗦。

"妈妈,"埃米尔说,"我要住到厂子里去,我想利用休假这几天,多琢磨一些事情!"

"厂子里那么脏乱,又太吵,你还是别……"老妈妈舍不得。

"不,妈妈,我不怕脏乱,也不怕吵!"埃米尔说,"您没听说嘛,三哥哥在山塘里的石砬上也睡过觉呢! 难得咱们家有了厂子,我还能嫌吵嫌肮脏?"

老父亲递个眼色与老伴:甭娇惯嘛,让他去!

说起工厂,也真是来之不易啊。诺贝尔的雷管和硝化甘油炸药,先后在瑞典、德国和俄国取得了生产专利权之后,接下来的头等大事就是建厂生产。没有产品哪有效益? ——可是,建厂没有资金。

求亲告友,借贷无门,闭门羹吃了一次又一次,老父亲伊曼纽尔垂头丧气,急火攻心了。他仰在沙发里连连感叹:"无本何以取利,天之不予啊! 天之不予啊!"

诺贝尔却安慰他说:"爸爸,您别泄气,诸多渺茫的背后,极有可能就是'番茄'啊! 阿尔弗雷德再去跑跑看嘛!"

诺贝尔百折不挠，再赴巴黎。精诚所至，金石为开，他通过不厌其烦地做演示，终于打动了一位重要人物——法国的拿破仑三世。

“在我看来嘛，”这位思想并不僵化的皇帝，有一点科学头脑，他预言道，“诺氏炸药的前景，其广阔应该非同一般，世界产业的一场大变革，极有可能因之而引发。”

皇帝的“金口玉言”，产生了正面影响，法国金融界对这位28岁的年轻人开始松动。雪中送炭，一家银行低息贷给诺贝尔10万法郎。

伊曼纽尔和儿子们欣喜若狂，他们火速上马，在瑞典郊区的赫勒内堡建起了一座“诺贝尔父子炸药厂”。

诺贝尔“跑外”堪称专家，他像个走南闯北的民间艺人一样，继续表演他家的产品，宣传硝化甘油炸药的安全性和它的巨大威力。

当时,俄国有一项比较大的工程——要在圣彼得堡修一条从港口通往工业区的运河。诺贝尔闻讯赶来,为俄国官员和工程师做表演,展示了诺氏硝化甘油炸药的优点。“耳听为虚,眼见为实”,俄国人被事实所征服,他们放弃了黑火药,使用了诺氏硝化甘油炸药。

一炮打得天下响,俄国的市场越拓越宽。之后,诺贝尔又回过头来,在瑞典的斯德哥尔摩郊区反复做了几次试爆演示,每一次都大获成功。于是,国内许多矿山公司和铁路承包商,纷纷向诺贝尔父子工厂订货。一时间,工人加班加点,机器日夜轰鸣,炸药、雷管供不应求。

“爸爸,埃米尔至少可以抵得三名工人吧!”埃米尔挥着肌腱结实的手臂,向爸爸夸耀。

“别说大话!”伊曼纽尔故意僵着脸,说,“胳臂再粗,也不过是一介武夫,智慧才是力量之母!”

“那——我就去长智慧啦,爸爸!”

“武夫”儿子懂事地把袖子捋了下来。

37

晚上,诺贝尔来到工厂里,看看埃米尔在做什么。

埃米尔在实验室里鼓捣雷管的外壳。他觉得,从成本的角度考虑,雷管的外壳似乎可以再缩减一些尺寸,那样就可以增加硝化甘油的充填量,从而提升爆破力。

“埃米尔，”诺贝尔听了弟弟的打算，高兴地说，“你想的问题，很有价值呢！我们可以通过实验，求取最佳值。任何产品的质量，应该是没有止境的，只有更好，没有最好。比如说，现在硝化甘油炸药的生产采用的是‘加温法’，品质不够纯净；要想让它更纯净，怎么办？应该用‘降温法’。可问题是，‘降温法’的一些技术关口我们还没能突破，在此卡住了。没能突破就不得贸然行事，疏忽大意害死人嘛！炸药威力的最大化，是我们追求的目标；而炸药的安全性，更是我们永远追求的目标！”

“降温法是怎么回事呢？”埃米尔问，“有哪些技术关口还没能突破呢？非常难吗？让我来琢磨琢磨，或许能……瞎猫碰上死耗子呢！”

“埃米尔！”诺贝尔正色说道，“你刚才这句话，我永远不想听到第二次！”

埃米尔这才意识到，哥哥竟因为他的一句话变了脸色。

“怎么啦，三哥哥？”

“从事科学的人，”诺贝尔斩钉截铁地说，“永远不能指望自己的成果来自于‘瞎猫碰上死耗子’！特别是干我们这一行——制造炸药！——你明白吗？”

哥哥目光如剑。

埃米尔羞得面红耳赤。

“我……明白！”他说。

“你明白就好！”

“可是三哥哥，我刚才说着玩呢。我知道，我们的新炸药,爆发力为老式黑火药的20多倍,炸山山就崩,炸地地出坑,那是三哥哥辛辛苦苦研究出来的,不是瞎猫……"

"你明白,能够记住,就好啊!"诺贝尔缓下语气来,说,"哥哥希望你永远不忘:从事科学的人,不能害怕风险,又不能无视风险。冒失,乃是最大的风险。"

"记住了,"埃米尔说,"冒失,乃是最大的风险!"

"我外面忙,"诺贝尔说,"以销促产嘛,没有市场不行,我得去跑!应该说,我们未来的市场空间还大得很。你帮着爸爸和哥哥们管管厂子,也很好。其实,爸爸已经老了,妈妈也老了。你呢……不多说了,好自为之吧!"

38

诺贝尔又去跑外了。对于小弟弟埃米尔,他虽然千叮咛万嘱咐,仍然有一种不太放心的感觉。可是,他万万没有想到,9月3日,大祸临头。

这是一个阳光朗照的日子,瑞典的首都斯德哥尔摩像往常一样,百业运营,有条不紊。诺贝尔父子炸药厂里,机器在轰响,工人在忙碌,载货的马车进进出出。

"伊曼纽尔,亲爱的,叫埃米尔早一些回家来吃午饭吧!"妈妈对爸爸说,"他最爱吃红烧鳟鱼,我今天做了两条,叫他解解馋。他们学校里,肯定没有我这样的手艺!"

"你呀,把午饭开得晚一点也好!要么就让雪人送过去也行!"

雪人是女仆的外号，她人长得白净，孩子们叫她“雪人阿姨”。

“烧鱼凉了不好吃，”妈妈说，“一家人东一个西一个的，不在一起吃饭也没意思！”

爸爸说：“我们在赶活儿，急活呀！这一批的炸药，是300磅，昨天完活儿急急忙忙地拉走了。也多亏了埃米尔有力气，不说一人顶仨人，起码也顶两个人。北边铁路工地也催，急着要200磅炸药。安美巴格的矿上也催，要50磅炸药。再说配套雷管和外包装还不太够了。唉，跟你说这些干什么，你就把红烧鳟鱼做得香喷喷的嘛，好啦！”

忽然，轰！轰！轰！从外面传来持续不断的爆炸声，脚底下有如雷霆在滚动，房屋咯吱咯吱响着，打起晃来。

伊曼纽尔说声：“不好！”脸色刷一下撤去颜色，变得惨白如纸，四方下巴就挂不住似的松弛下来。

爆炸声仍在继续。轰！轰！

“伊曼纽尔……是咱们家的……工厂！”卡罗莱娜太太叫了一声，坐在地上。

历经沧桑、刚强坚韧的伊曼纽尔瘫痪了。他知道，工厂里发生的灾难，刹那间足以把他家带到末日。

这天，恰逢诺贝尔去了外地联系业务。他最近仍然常常不在家。

直到很久以后，伊曼纽尔都回忆不起自己怎样来到了工厂里。

眼前的景象，让他举止失措，双腿发软，他木然地坐在一块被熏黑的破浪瓦上。

断垣残壁。

碎砖烂瓦。

袅袅的烟尘。

厂房没了，围墙倒了，围墙之外——大树的枝梢在燃烧，枝丫间挂着破布片和烂绳子头。有的民房震塌了，有的人受了伤，有人发呆，有人愤怒，有人流眼泪……

是硝化甘油车间爆炸，毁掉了整个工厂，烤焦了赫勒内堡。

这次事故，造成5人死亡，其中一个就是21岁的埃米尔。

“瑞典国诺贝尔父子火药厂大爆炸，厂毁人亡，老诺贝尔的儿子埃米尔死于非命”的消息，迅速在世界各大媒体上流传开来。

诺贝尔从一份报纸上看到这一消息，如雷轰顶，他的心脏支撑不住，不得不住进一家私人诊所里打静脉针。

“居然……会……这样……”

躺在病床上，诺贝尔的内心那么凄苦。他想到爸爸的规劝，想到妈妈的字据，想到弟弟埃米尔那生龙活虎的模样，想到埃米尔的人生构想：“我争取在五六年或者六七年之内，搞出像模像样的成果，撵上三哥哥！”

最怕发生的，以为也未必发生的，怎么就真的发生了呢？该怎样面对父母呢？又怎样面对斯德哥尔摩的乡亲呢？怎样面对法国施予援手的银行家呢？

他回到斯德哥尔摩,诺贝尔没回家,他面对着一片瓦砾的厂址,坐了几个小时都没说一句话。

为什么呢?这是为什么呢?到底发生了什么呢?是工人做错了什么吗?是埃米尔做错了什么吗?发生爆炸的当儿,你埃米尔到底在做什么呢?

一个又一个问号,在他脑际往复来去。

喜欢做实验,喜欢琢磨的埃米尔,曾经说过寄希望于"瞎猫碰上死耗子"的埃米尔,究竟做了什么,做错了什么,成了科学史上的一个无解的谜。

罗伯特和路德维格步履沉重地走过来,发现了诺贝尔。三个人都没有说话——一切话语都是多余的。

诺贝尔是神经过敏吗?他隐约地感觉到,两位哥哥复杂的目光里含着无言的怨恨。他们是不是也知道爸爸对他说过的那句话:"我们可以没有钱,但是不能没有命"呢?

清理厂子和埋葬埃米尔的过程,是何等的折磨人。特别是尸骨不全的埃米尔,让每个亲人都无法面对。

人们的指责和诅咒,如潮水一般汹涌而至。风烛残年的父母亲不堪打击,肝胆如摧。诺贝尔心里真如打翻了五味瓶。

这场灾难,在瑞典全国引起了极度的恐惧与惊慌,轩然大波迅速波及国外。凡是接触过诺贝尔炸药的人,凡是听说过诺贝尔炸药的人,无不谈虎色变。

父亲伊曼纽尔不久就患了脑血管意外,半身瘫痪。老人在生命的最后八年中,几乎一直卧床不起,生活不能自理。老妈妈神经有些错乱,常常半夜里就坐起来大喊大叫:"埃米尔快找妈妈来，吃鳟鱼来，不要去工厂啊埃米尔……”

“好啊，你居然这样……”

诺贝尔凝视着硝化甘油炸药说。

小于诺贝尔 14 岁的美国大发明家爱迪生[①]，曾经说过这样一句话：“伟大人物明显的标志，就是他坚强的意志。”

诺贝尔把 9 月 3 日这一天的日历撕下来，愤然以笔尖刺破右手中指，用鲜血在上面打了一个大大的惊叹号，然后收藏在日志里。

惨重的横祸，非但未能将诺贝尔击倒，相反，他更加感到重任在肩。

“硝化甘油炸药啊，现在是人人怕你了，那么，制伏你者，舍我其谁！”

阅读思考

① 埃米尔有一句话让诺贝尔非常生气，这句话是“________”

② 埃米尔之死，让诺贝尔对炸药的研究感到：

A. 非常恐惧　B. 犹豫不决　C. 重任在肩

① 爱迪生（1847—1931）：美国发明家，拥有 2000 余项发明，迄今为止，世界上没有任何人能打破他创造的发明专利数的世界纪录。

第十五章　炸药工厂水上漂

39

“阿尔弗雷德,听二哥一句话,你就回头吧!”

二哥路德维格,见诺贝尔仍然“执迷不悟”,愁眉不展地劝告他。

诺贝尔望着二哥的嘴巴,听他往下说。

“离开炸药,赶紧离开炸药,另谋生路! 要么就跟着我们干,可以做的事情多得很,钱嘛,只要你肯猫猫腰,遍地都是啊!”

二哥现在也搞工厂,跟着大哥一起搞石油,办公司,路子很多,唯独不想挨炸药的边儿。

“知道了。”诺贝尔说。

大哥罗伯特从圣彼得堡写信来,劝他:“阿尔弗雷德,尽快离开发明家这个讨厌的事业吧,因为它只能带来灾难,让人吃苦头!”

后来,罗伯特见到诺贝尔,现身说法地规劝他:“跟我干吧!炸药嘛,到此为止吧。可怜的四弟就是我们的前车之鉴啊!爸爸破产回家之后,我在俄国那边搞机械,搞军火,搞石油,不是一样有了成绩吗?我就是不想搞什么发明,我只用成熟的技术赚钱。我的安全系数,几乎是百分之百!”

“知道了。”诺贝尔说。

好心的邻居们也说:“世上三百六十行,干什么不能吃饭啊,何必老跟阎王爷讨饭吃呢!”

“知道了。”诺贝尔说。

炸药厂的大爆炸,不仅在人们心头涂上了一道恐惧的阴影,而且引起了普遍的敌视。许多人把诺氏家族看成了图财害命的罪魁祸首,嘲讽和抨击,几乎形成了一股风潮。

“走,去法院啊,告那个伊曼纽尔,那个老头子!”

“告他儿子,告那个阿尔弗雷德!”

“告他们!他们在我们眼皮子底下造炸药!”

“索赔!我一定要索赔!我的亲人死了!我的房子塌了!我当然一定要索赔!”

……

周围许多被大爆炸殃及的居民,纷纷向斯德哥尔摩法院提起诉讼,要求赔偿。

可想而知,诺贝尔一家陷入了怎样难以应对的忙乱之中。

很快,法院做出了判决,被告诺贝尔一方,必须承担死者家属和遭受损失的居民的经济赔偿责任；而且，法院还明令禁止实验、制造这种“殃及无辜”的新型炸药。

官方的冷落、民众的怨恨、经济上的损失，成为挡住诺贝尔的一座山。

诺贝尔深更半夜只身一人在旧厂址上徘徊。月华如水、寒露湿衣、形影相吊。他问苍天，问大地，问自己，工厂既已灰飞烟灭，荡然无存，如果就此罢休，是迷途知返呢，还是畏难而退？

诺贝尔再问自己，硝化甘油炸药，应不应该有它的灿烂前景，造福于人？

思来想去，诺贝尔不肯低头。不能为了个人的幸福去追求百分之百的安全系数。他要以最快的速度恢复被破坏了的家庭企业，使雷管和爆炸油进入市场，并且争取赢得公众对它的再信任。

他把自己的想法讲给全家人听，没有一个人支持他。阳关大道你不走，偏往地狱门里钻，你图的什么？

诺贝尔说：“爸爸分析过，埃米尔肯定是自己把自己炸死了！硝化甘油炸药是有生命的，是有性格的，这些，他埃米尔不懂！”

老父亲伊曼纽尔倒是“哦”了一声。

诺贝尔说：“或者炸药征服我，或者我征服炸药，这两种结果，实际上同在一条路上——这条路，就是研究，实验，再研究，再实验！阿尔弗雷德走定了！”

路德维格语调高起来：“可是，再干，就违法了！我们诺贝尔家族可以触犯刑律吗？一根筋啊，你！”

“刑律，那只不过是在陆地上。陆地上的实验和生产被禁止了。”

“哪儿没被禁止啊？你给我说说！”

“水上！”

“水上？在大西洋里，还是在北冰洋上啊？”

“我早想过了，就去湖上，梅拉伦湖上！”

40

斯德哥尔摩素有“北方威尼斯”之称，由一个半岛和14座岛屿组成，大大小小的湖泊星罗棋布，“水”是不缺的。政府禁止在陆地上实验和制造炸药，诺贝尔就钻了一个“空子”，避开陆地，他选中了梅拉伦湖。

在湖上生产炸药？打鱼摸虾还差不多。——家里人都认为他“瞎胡闹”。

“为什么不能生产呢？”诺贝尔已经胸有成竹，“船底不就是陆地吗？——是一片会移动的陆地——水是船的陆地，船是阿尔弗雷德的陆地！”

诺贝尔家没有船，他必须租船。可是他跑了好几家船舶公司，都吃了闭门羹——谁不知道诺贝尔是干什么的？人家一听说他要拿船当工厂，马上就想到了造炸药的可能，没有一家不摇头。

诺贝尔不会忘记出语最刻薄的一家公司，人家直截了当地说:“诺贝尔先生,船嘛,倒是有,也确实是用来出租的,可是谁愿意等着收回一堆碎铜烂铁木头片呢?我知道先生是干什么的,你家赫勒内堡炸药厂的一声惊雷,呼隆隆——把咱们整个欧洲的大地都要震散了!”

“先生,”诺贝尔不卑不亢不生气,竟笑着说,“阁下,您把话说到这儿,咱们的生意就算是谈成了!”

对方不明其意,诺贝尔说:“先生的担心,无非就是损失钱。您看这样好不好:如果您的船真的变成了碎铜烂铁木头片,我赔付给您一条新船;而且,把碎铜烂铁木头片也白送给您;而且,我给您配套全额打捞费!”

“笑谈吧?”

“决不食言!”

“容我想一想……”

商家唯利是图,动心了。

“成交吧!”诺贝尔说,“您没听说过前些日子我有许多诉讼吗?阿尔弗雷德言必信,行必果,案子桩桩公断公了,我们没有任何一桩胡搅蛮缠!”

对方想了想,说:“OK!”

诺贝尔为救急而忍痛,以非常高的租金租船成功。时间,永远是勤奋者的富矿,他必须千方百计,早早开工投产。

飒飒西风吹起满湖涟漪。诺贝尔的胸膛里如燃火焰。“改船为厂”毕竟是一项繁重而复杂的工程,何况还要做得既隐秘又安全。诺贝尔使出浑身解数,争分夺秒,一气呵成。

这是1864年的秋天,诺贝尔的“工厂船”远远地停泊在梅拉伦湖的水面上。船为平底,覆有盖子,既不装货,也不卸货;既不打鱼,也不观光。这就引起了附近居民的猜疑:这船,怪了,怎么锚着不动窝呢?

大哥罗伯特和二哥路德维格,一见三弟开弓没有回头箭,意志坚如刚铁,也就不再阻拦了。

诺贝尔对他们说,阿尔弗雷德不是一条道走到黑,而是一条道走到亮!

"怎么样?你们既然拉不住我,是不是就该往前推我一把呀?"诺贝尔向哥哥求援。

"怎么推你?你说吧!"大哥说。

"桨也是资金,篙也是资金,帆也是资金!钱都输到官司上,缺的就是一样——资金!"

两位颇有实力的哥哥,就为诺贝尔送来了启动资金。

诺贝尔边抓实验,边抓生产。到年底前,硝化甘油炸药和雷管,都是在这条船上制造的。他索性明确地打出了自己的招牌:“硝化甘油股份公司”,产品就是——“诺贝尔专利爆炸油”。

为了避免招来麻烦,诺贝尔安排工人在船上“定居”。工人一旦来上班,就绝少离船。进料和运出成品,必须在夜间秘密进行。上行下行的小船,都由功夫极好的水手操作,一律不用照明灯。

“工厂船”上的工作条件和生活条件,都是非常恶劣的。湖上风大,寒湿袭人,诺贝尔该吃不吃,当睡不睡,夜以继日,超度的劳累损害了他的健康。半年过去,他在梅拉伦湖上落下了顽固的胃病,疼痛、反酸、消化不良,竟折腾了他一辈子。

常言说,纸包不住火,没有不透风的墙,日子久了,附近的居民从个别离岗工人的嘴里得知那艘“锚而不动”的船的秘密——原来是一座炸药厂!

这还了得!一传俩,俩传仨,“水上有座炸药厂”的可怕消息不胫而走。

“告他!”

“告诺贝尔!”

“告那个疯子!”

“连亲兄弟都炸死了,他怎么就那么没记性!”

……

岸上的居民说,这里是他们的祖籍地,可是现在他们不敢住下去了!

其他的船家说,他们世世代代在梅拉伦湖里驶船,现在不敢在湖里往来了!

旅游的、打鱼的、摆渡的,人人不满。有人干脆要登上工厂船,找诺贝尔理论。

二哥路德维格闻讯赶来,出主意说:“起锚吧,阿尔弗雷德,把船退掉算啦!在一条船上办公司,终归不是个长远办法!跟做贼似的,怎么搞工业啊?”

“我倒也是这么想的,”诺贝尔说,“想当初,冷手抓热馒头,没路找路,权宜之计,开个头而已。要想形成规模,走向世界,这的确不行。我马上找政府去谈,我要另建工厂。”

二哥说:“就是!必须努力争取得到政府的认可。”

要说服政府,该有多难啊!禁令是政府下的,让它收回成命可不容易。

“再难也得找!硬着头皮也得闯!”诺贝尔说,“人在荆棘丛中,想躺下来睡大觉不行!”

41

政府官员以极其强硬的口气质问诺贝尔:“你们秘密生产恶性炸药,无视公民生命财产的安全,眼里还有王法没有?”官员把“恶”字说得重如铅锤。

“先生,有个词,是应该而且可以斟酌的——硝化甘油是烈性炸药,而不是恶性炸药。炸药没有恶善之分。这就犹如菜刀,菜刀是厨家必不可少的用具,然而强盗有可能用来杀人越货,难道我们可以责备说,工厂里生产了恶性菜刀吗?”

“您讲吧——”官员说。

“那就请允许我再引申一步——俗话说,人心似铁,官法如炉,法律也可以索人性命,我们却不可以说法律是恶性法律。”

诺贝尔已经深思熟虑了千百遍的问题,他的回答无懈可击。

官员说:“那请您来解释秘密生产、无视安全的问题!”

“先生,您委屈我们了。我们没有无视安全。我们‘有视’安全,所以我们才到政府不加限制的、远离居民区的湖面上办厂。”

“可是——现在你们想离开湖面。”官员摊牌说,“如果没有9月3日诺贝尔父子炸药厂的生产,赫勒内堡的惨剧会发生吗?那些人会死于非命吗?难道在您看来,还要让那样的惨剧重演吗?”

官员的质问,几乎代表了所有瑞典人和所有欧洲人,可以称之为“天下之问”,这是一个不容回避的诘问。诺贝尔怎样回答,才能让人口服心服呢?

诺贝尔说:“我们应该也必须面对现实。9月3日的赫勒内堡惨剧,应该是我弟弟埃米尔的过错,他不慎引起了小规模的爆炸。恰恰是这种小规模的爆炸,引起了大规模的连锁爆炸,导致厂毁人亡。正如我父亲所说,他是自己炸死了自己!赫勒内堡的爆炸,本是不应该发生、却因为人为的错误而发生。硝化甘油在没有雷管引爆的情况下,它是安全的。一般的撞击、点燃,都不至于让它爆炸。”

太专业了。官员们没人能够反驳,可也没人点头——都是将信将疑的。

诺贝尔接着说:“东方人有句俗话,‘耳听为虚,眼见为实’。我愿意做实验给大家看!我也不奢望政府在不明白硝化甘油炸药的情况下为我放行。政府对人们的安全负责,我也必须对人们的安全负责。我致力于发展生产,政府也希望发展生产,这是一致的。我非常希望,我的劳动成为政府财政收入一个很大的增长点——但是前提是安全。”

官员答应了诺贝尔的演示。

通过演示、解释和演说,诺贝尔最终打消了官员和民众对硝化甘油炸药的恐惧,相信它的确是安全的、高效的,而且能够成为政府财政收入的一个增长点。

瑞典政府经慎重研究,做出新的规定,批准硝化甘油只能在人烟稀少的边远地区生产。

谢天谢地,诺贝尔的炸药工厂从湖面上迁出来,改建到16公里之外,斯德哥尔摩远郊的温特维肯。

当硝化甘油炸药的安全性广为人知后,全国各地的用户趋之若鹜,订货单又如雪片飞来。温特维肯炸药厂的产品出现了供不应求的局面。

山重水复疑无路,柳暗花明又一村。

不久,瑞典的大富商斯密特来找诺贝尔。

“阁下,久闻盛名,我想与您合作,不知意下如何?”斯密特说。

“是吗?非常难得,幸会!幸会!”诺贝尔说。

合伙经营事宜,二人一拍即合。

马上投资扩产，他们成立了世界上第一个生产硝化甘油炸药和雷管的股份有限公司。

1865 年，诺贝尔在德国成立了第一个国外企业——阿尔弗雷德·诺贝尔公司。他从此离开瑞典，侨居德国最重要的海港和最大的外贸中心——汉堡。继而，在克鲁梅尔建了一座炸药厂。

诺贝尔说“生命，那是自然付给人类去雕琢的宝石。”现在，他在他生命的宝石上雕出了堪称美丽的花朵，夜深人静的时候，他常常想起小弟弟埃米尔。

埃米尔啊，你太可惜了！是三哥哥对不起你，没能把住你，9 月 3 日，我怎能让你一个人留在厂里呢？无知者无畏，你到底对炸药和雷管不甚了解啊！

在埃米尔的墓前，诺贝尔说：“弟弟呀，倘若你在天有灵，你就听一听吧，咱们的爆炸油，在东西南北各个方向轰然作响。在我听来，那是人世间最为美妙的乐声。埃米尔，好弟弟，安息吧！”

阅读思考

① 诺贝尔为什么舍得以那么高的租金租船，在湖上办炸药厂呢？

② 诺贝尔说：“生命，那是自然付给人类去雕琢的宝石。”什么意思啊？

第十六章　风靡世界的黄色炸药

42

难道真是“祸兮福之所倚，福兮祸之所伏[①]”吗？

诺贝尔好不容易说服了本国政府，获得了在陆地上制造硝化甘油炸药的生产经营权，在国内外建立了工厂，形成了产销两旺的拓展态势，不料——

新的麻烦突然接踵而至。硝化甘油爆炸杀人毁物的坏消息，从世界各地传来，这使诺贝尔大为震惊。

—— 纽约一家旅社门前发生了爆炸，造成街面被毁，多人伤亡。

① 《老子·五十八章》：“祸兮福之所倚，福兮祸之所伏。”意思是，祸与福互相依存，也可以互相转化。坏事可以引出好的结果，好事也可以引出坏的结果。

—— 一艘运载军火的“欧罗巴号”汽船，通过巴拿马运河后，驶入大西洋，发生了爆炸，47 人全部遇难。

—— 旧金山一列运输硝化甘油的火车发生爆炸，火车炸成了废铁。

—— 澳洲硝化甘油炸药仓库发生爆炸，殃及附近居民，毁了房子死了人。

……

为什么呀？这是为什么呀？诺贝尔简直不敢相信自己的耳朵。

更为糟糕的是，诺贝尔建在德国易北河畔的克鲁梅尔炸药厂，也发生了爆炸，工厂毁于一旦。这起事故，被人们讥笑为“后院着火”，让诺贝尔关于硝化甘油炸药安全的声嘶力竭的宣讲变得无法自圆其说。

当时正在美国考察的诺贝尔，急忙赶回来，面对着一片废墟，他不能不想起两年前夺走埃米尔性命的那场灾难。

啊，世间竟有这样的事！悲剧果然重演！倘若这一次我身在克鲁梅尔厂子里，会发生什么呢？这也真让人不寒而栗。

可是，这到底是为什么呢？难道灾难犹如夜间的老鼠，说钻出来就钻出来，拦都拦不住吗？

接连不断的灾难警告着人们。在人们的心目中，硝化甘油炸药再次被推上了“魔鬼”的审判台。诺贝尔本人，则再一次被世人看成了“丧门星”。

“老板，我要住宿！”人在旅途，店就是家，诺贝尔要入住。

“你是诺贝尔啊！”老板的目光是异样的，“对不起，先生，本旅店客满了!”

“哪怕……楼梯间也行,我可以将就的。”

“你可以将就楼梯间,我可不想将就你!”老板心里说。

“就一个夜晚嘛。”诺贝尔说。

“不行啊,一个夜晚也不行,”老板嘴里说着,“楼梯间也客满啦!再见吧,诺贝尔先生!”

连旅店都不肯接待诺贝尔,因为他们担心,这位“丧门星”没准深更半夜轰隆一声,把你的一切都送到天上去。

有的报纸则公开地说,赫赫有名的炸药专家诺贝尔,时下已经成了同样也赫赫有名的“最不受欢迎的人”。

一种不祥的预感向诺贝尔心头袭来,他知道,对他的事业而言,一股强劲可怕的寒流已经扑面而来。

果然,1868 年,英国国会率先颁布议案,禁止硝化甘油进口,对诺贝尔的事业关上了国门。

不久,欧洲各国和美国的一些地方州,也纷纷出台政策,限制生产、运输、储藏和使用硝化甘油炸药。

像一场冰雹铺天盖地打在田野上,禾苗荡然无存,诺贝尔的市场顿时严重萎缩,几乎归零。硝化甘油炸药不要说再生产,就是现存的成品都难以处理了——仓库拒储、车船拒运、工地拒用,它们去哪儿“安身”呢?

43

遭受重磅打击,心力交瘁的诺贝尔,考虑再三,请来了大哥罗伯特和二哥路德维格。

两个哥哥一见形容枯槁的弟弟，叹息连连。

“现在，我的事业，”诺贝尔对哥哥们说，“全世界都看到了，又一次穷途末路了。你们都来替我想一想吧，下一步，应该怎么办呢？”

“我知道应该怎么办！”大哥罗伯特还没开口，路德维格抢着说。

“讲吧，二哥！”诺贝尔期待着。

“我和大哥，应该把你捆起来，抬回斯德哥尔摩，把你交给爸爸妈妈！”

诺贝尔望了望路德维格，苦笑了一下。

“废话嘛！”他对罗伯特说，“大哥，你说说吧！”

望着消瘦单薄、满嘴唇血痂的弟弟，大哥心疼地说：“穷途末路，我看到了。阿尔弗雷德，你选的这条路，步步是风险啊！既然败局如是，一家人不说两家话，我说你赶紧止步，再也不能往下走了！”

“我看很难有新的思路，”二哥说，“硝化甘油，它就是要爆炸，要伤人，除非你躲它，不接触它。你非要硬着头皮去做它，不怕一万，就怕万一呀！撂下吧，回头吧，阿尔弗雷德，别考虑面子不面子的，凭你的才气和干劲，你……”

“不，”诺贝尔竟话锋一转，说，“大哥二哥，‘穷途末路’是四个字，是现实，可是我还有另外四个字呢！”

“说！”大哥和二哥几乎是同时说，“你还有哪四个字？”

“绝不回头！”

诺贝尔瘦削的脸盘上忽然肃穆起来,宛如铜铸石雕一般。

大哥罗伯特一声叹息,“唉,你叫我说什么呀!”

二哥路德维格却笑了,他说:“我早就知道,谁来规劝阿尔弗雷德,都是白费嘴皮子!世界上所有的一根筋有个共同的特点——只有一根筋啊!”

“阿尔弗雷德,多多保重吧!”大哥说。

“决不回头先生,‘你行你素’吧!”二哥说。两个哥哥走了。诺贝尔反复咀嚼他们的每一句话。把自己捆起来,抬回斯德哥尔摩交给爸爸妈妈,这不就是害怕像失去埃米尔一样失去我吗?想到埃米尔,诺贝尔就想起那些死难者,他们不都是一个又一个的埃米尔吗?别人的母亲是母亲,别人的儿子也是儿子啊!这比起个人的名誉,企业利益的损失,更让他痛苦。沉重的负罪感,压得诺贝尔腰杆发麻。

诺贝尔找出 1864 年 9 月 3 日那张书有血字的日历,殷红的感叹号赫然入目。

诺贝尔沉思片刻,写下了一纸座右铭,悬挂在案头。他特别用了一个“你”字,颇带指责的口吻。

“倘不能根治硝化甘油炸药的危险性,你阿尔弗雷德就算枉度此生!”

一天后,他又增写了一句:“不达目标,誓不罢休!”

44

缜密和谨严,是科学的基础;空话和大话,与科学无缘。

诺贝尔通过认真、详细地调查,很快就发现,硝化甘油炸药屡屡引发祸端的真正原因,并不在于它威力的强大,而在于它的安全系数过低。硝化甘油炸药在常温时为液态,这是导致它不安全的根子。

液态炸药,自然非常容易发生跑冒滴漏,不利于储存和运输,也不方便使用。另一个潜在的危险是,它一旦遇上较高的温度,超过 180℃,就爆炸了。再有,它会被一些非专业人士——我们可以称他们为"外行人"——误认为是润滑油、皮鞋油、点灯油、食用油,这自然更容易导致意外的发生。调查发现,曾经有人用锤子砸,用凿子錾,来处理冻结的硝化甘油炸药;曾经有人拿硝化甘油炸药润滑车轴;曾经有人在锅里炼烧硝化甘油炸药,烹调炒菜……这些人错把硝化甘油当成了"油",而不是"炸药"使用。想一想吧,这其中,哪一样不是性命攸关!

诺贝尔静下心来,取来纸笔,统计最容易出现的各种各样的恶劣结果。他以想象来进行模拟实验,把自己分别设为最外行的、一窍不通的普通人——有司机,有脚夫,有仓库保管员,有门卫,有山场工人,以及这些人的亲人、亲戚和朋友。再想象自己面临着各种各样的工作环境和生活环境,可能采用哪些最违规的操作手段,做出何等的蠢事来……

诺贝尔看着罗列出的上百种的恶果记录,冷汗涔涔。

啊,真是百密一疏啊,自己对硝化甘油的安全性考虑得还少吗?也算绞尽了脑汁啊;可是,着眼点集中地落在了引爆上,发明了雷管,却没考虑到液态炸药存在的巨大隐患。

那么，消除隐患的途径又在哪里呢？

诺贝尔经过反复实验，目光首先落在了甲醛上。如果先把硝化甘油溶解在甲醛里，降低炸药的浓度，这在储存和运输过程中万一出事，也不至于酿成大祸。等到使用的时候，再用清水把甲醛洗掉，恢复硝化甘油炸药原有的浓度。

这不失为一条路，可是，诺贝尔否定了它。

因为这样的操作不仅过于麻烦，而且安全系数仍然达不到最理想的高度。

既然都是“液态”惹的祸，那就必须改变炸药的形态，将液体变为固体。

这又怎样改变呢？降温吗？常识是，许多液态物质降低到一定的温度，就会变成固体。

然而，为硝化甘油提供一个持久冷冻的环境，也是非常困难非常麻烦的。就算有足够的冰块去“镇”它，却难以支撑较长的时间，运送较远的距离。

诺贝尔把自己的目标告诉了二哥。

“你帮我想一想吧，二哥，怎样把硝化甘油变成固体呢？就是把爆炸油变成爆炸块儿。请注意，我不想冷冻，冷冻不是好办法。”

“在常温下，让液体变为固体，这我可想不出办法来。”二哥说，“或许意大利的坎尼扎罗①、俄国的门捷列夫②，或者别的科学家，能有那样的本事。”

45

我不是坎尼扎罗，不是门捷列夫，我就是我自己——阿尔弗雷德！诺贝尔想。

坎尼扎罗，有坎尼扎罗的发明；门捷列夫，有门捷列夫的发明；我阿尔弗雷德，应该有我阿尔弗雷德的发明！我相信，如果没有人走，地上就没有路；路，是人走出来的！阿尔弗雷德愿意做——在大地上走出某一条路来的第一个人。

罗伯特和路德维格，没能劝止诺贝尔钻研炸药，也没给诺贝尔以实质性的帮助。他们走后，诺贝尔在克鲁梅尔工厂的实验室里埋下头来，开始了研究。爆炸后的炸药厂，破烂不堪、满目疮痍。实验室的周围，多是被冲击波和火焰毁损的设施和器具。诺贝尔每看它们一眼，就觉得自己的心被抽了一鞭子。

他思维的触角，竭力伸向四面八方。

这天，诺贝尔在一个面食小摊前等候用餐。

那位手脚麻利的中年法国妇人，把一个大瓷盆放在木凳上，在盆里倒了半袋子面粉。然后，从桶里舀来一大碗水，徐

---

① 坎尼扎罗（1826 — 1910）：意大利化学家，1873 年被推举为德国化学会名誉会员。1891 年英国皇家学会授予他科普利奖章。

② 门捷列夫（ 1834 — 1907）：俄国化学家，1869 年发现了元素周期律，他对化学的最重要贡献是建立了元素周期分类法。

徐倒入面粉里。随着她一只手岔开五指不停地搅拌,水很快就不见了。妇人又舀来一大碗水,兑入面粉,随着搅拌,水又不见了。诺贝尔的神经就绷起来,他留意到,妇人前后舀了八大碗水,和入面粉,揣成了一个光溜溜的大面团,搬到面板上来,分割,擀片,下刀切……

诺贝尔几乎叫起来,突然有一个灵感火花四射地划过了他的脑际。本来是一个普普通通的生活细节,此时被他在心里赋予了一个新名词——“水的遁形术”。

满满八大碗水,一旦“遁形”于一个面团里,拿拿捏捏,搬搬运运,是多么方便啊,起码不会再有跑冒滴漏现象发生了。硝化甘油也可以“遁形”啊!

于是,面粉就最先进入了诺贝尔的实验室。

面粉的价格,显然太昂贵了,于是,锯末、干土等都进入了诺贝尔的实验室。

木炭粉、砖粉,也进入了诺贝尔的实验室。

还有纸屑,还有糠麸,还有石灰粉……用口袋装来,用盆子端来,一一进入了诺贝尔的实验室。

既然冷冻硝化甘油炸药使之固态化的思路不现实,他就决定将硝化甘油炸药用固体物质做吸收。

这就是诺贝尔探索把硝化甘油由液体变成固体的思路。

经过数十次实验,最后被诺贝尔遴选出来的宝贝,是“硅藻土”。

“就是你了,朋友!”诺贝尔抓一把硅藻土,贴在脸上,如同感谢一位老朋友那样深情地说,“你呀,就不仅仅是百里挑一了!”

硅藻土是什么东西呢?

这就得先说一说硅藻了。

硅藻,属于藻类,它的体形非常小。硅藻的外面,包有一层硬壳。硅藻的生命周期结束后,遗体变成疏松多孔的沉积岩,这就是“硅藻土”。硅藻土具有非常强的吸水性,而且没有干缩现象,越干燥体积越膨胀。诺贝尔经多次实验,按一定的比例用硅藻土来吸附硝化甘油,就像那小摊上的妇人和面一样,制成了黄色的、塑胶型的新炸药。这种黄色炸药对震动、撞击、高温等敏感性大大地降低了,也就是说,安全系数大大提高了。论威力,它是黑火药的五六倍,而比原来的硝化甘油炸药仅仅降低了20%。硅藻土储藏量丰富,价格低廉,简直是取之不尽的资源。

诺贝尔把硅藻土炸药称作“黄色炸药”。黄色炸药又名“达那炸药”,“达那”一词,在希腊语中即为“强力”的意思。

固体的黄色炸药,可以做成各种形状,装在纸筒里,置入炮眼,以雷管引爆,特别简便好用。

“我又来啦!”

诺贝尔带上黄色炸药,奔赴各处工地。

“我还是阿尔弗雷德·诺贝尔,可我不是丧门星,不是不受欢迎的人,真的不是!”

多少人用异样的眼光看着他,看他往下说什么,或者表演什么。近些年来关于炸药酿祸的事故口耳相传,人们不可能没有戒心。

诺贝尔说:“朋友们,我理解大家对炸药的谨慎,理解大家对我本人的警惕。我将用事实告诉大家,我是来送实惠,送金子银子给你们,让你们发财的!请使用我的黄色炸药,新产品,你们先试试吧,它将让你们一天完成十天的工程,一年赚取10年的钱!”

事实胜于雄辩,黄色炸药一经试用,立刻捷报频传,效果非常令人满意。人们可以不相信耳朵,却不能不相信眼睛。相信谎言是悲剧,错过机遇更是悲剧。1867年5月,曾经毅然决然对诺贝尔硝化甘油炸药关上国门的英国,来了个180度的大转弯,率先批准了诺贝尔黄色炸药的专利权。

同年10月,诺贝尔在本土瑞典也获得了专利权。

其后,诺贝尔在许多国家相继申请了专利权。

全世界都在传递一个振奋人心的好消息:科学家诺贝尔,把液态的“爆炸油”变成了固态的“黄色炸药”,它就是“爆炸块儿”。这种黄色炸药,威力巨大而又安全好用。于是,在山洞开凿,水库建设,运河开挖,公路、铁路修筑等所有工地,黄色炸药都成了不可替代的宝贝。

诺贝尔的炸药业如火如荼。几年之后,他的黄色炸药公司和黄色炸药厂,广布于挪威、瑞典、芬兰、匈牙利、奥地利、德国、英国、法国和美国,产品以绝对优势占领了国际市场。财源滚滚,诺贝尔获得了巨大的经济效益,成为一名享誉世界的、极其富有的“流浪汉”。

诺贝尔的巨大成功,让他那从1864年小弟弟遇难后就卧病在床的老父亲激动不已。作为“雷大王”，伊曼纽尔先生毕竟也是跟炸药打了一辈子交道的人，他比外行人更知道儿子的艰辛和风险。历时4年，到了1868年，瑞典皇家科学院做出决定，分别把莱特斯蒂特金质奖章颁发给伊曼纽尔和阿尔弗雷德父子俩，表彰他们在炸药研制开发方面做出的巨大贡献。伊曼纽尔老人家流下了欣慰的泪水，他心里真是打翻了五味瓶。

是坚定不移的意志成就了诺贝尔，是丰富的想象力成就了诺贝尔，是百折不回的实验精神成就了诺贝尔。诺贝尔多少次陷入被世人公认的绝境，但他总能求得峰回路转，迎来柳暗花明。他的性格一如江河，崇山峻岭阻挡不住的江河，就因为江河不畏曲折，锐意前进，怀着不达海洋誓不罢休的精神，才最终达到了目标。

阅读思考

① 做面食的法国妇人，给了诺贝尔什么重要启示？

② 诺贝尔挫折连连，终于大获成功，根本原因是什么呢？

第十七章　再上台阶的爆炸胶

46

“喂，阿尔弗雷德，在家吗？喂，阿尔弗雷德！你看看谁来啦？”

来人还没敲门，就大呼小叫直嚷嚷。

这是1873年春天，一个刮着大风下着小雨的晚上，40岁的诺贝尔，刚刚在沙发上坐了几分钟，就来了客人。他以自己的右手摸着自己的左腕，揣摩着脉搏。近日来，心脏不时出现期前收缩，而且比过去频繁了。他没用晚餐，中午也吃得很少，不论荤素，就是没口味。

“开门啊，阿尔弗雷德！”

啊，是二哥路德维格来了。

“从哪儿来呀,二哥?”诺贝尔接过二哥的雨披和手包,一并挂在衣帽架上。

“圣彼得堡呗!出差路过,顺便来看看你!鬼天气,好冷啊!”二哥说着,一双大眼睛左顾右盼。

“渴了吧?我给你沏杯热茶来?”

“不渴——不用沏!你咋,还是自己跟自己对付着过日子吗?”

“不——有许多人跟我过日子。”诺贝尔浅笑着,指了指他的办公桌。

路德维格没听明白。他说:“妈妈老是念叨你,抱怨你,不好好成个家,跑东到西打光棍!你40岁的人啦,想当一辈子‘孤家寡人’吗?赶紧物色个女人,善良的、厚道的、会体贴人的,把家组建起来!”

“哪有闲工夫啊!”诺贝尔说,“二哥你看看这些信件,字,得一笔一笔写,信封,得一个一个粘啊!”

路德维格踱到办公桌前,弯下腰,看到一摞一摞花花绿绿各式各样的信封,一些摊开的、拿镇尺压着的信瓤。他再细看那些来信的地址,芬兰的、法国的、德国的、美国的……真是来自世界各地。有的信封上以红笔标着“已复”,有的标着“冷静勿躁,耐心解释”,有的标着“勿忘速复”,有的标着“可怜病儿,勿忘资助”等字样。红字是弟弟的笔迹。

“这就是你说的许多人吗?”路德维格说,“你打算跟他们过日子吗?你没找个秘书,替你处理处理这些杂七杂八的乱事?”

“没有，我没有秘书。”

“难道你是来信必复吗?”

“是的，来信必复。”

“阿尔弗雷德，你是不是缺心眼啊?”二哥教训诺贝尔道，“在这个世界上，谁的时间抵得过你阿尔弗雷德的时间更宝贵？你把自己累成这样，有必要吗？你以为你能拯救全人类呀?”

“有必要。有必要，复信有必要哦。”诺贝尔不急不火，给二哥沏了杯咖啡，“二哥慢慢喝，听我给你说说。复信，自然需要时间和精力，可是我们不能不尊重人啊！皇帝是人，诺贝尔是人，寄信给我的对方，包括侏儒和盲者，包括想跳楼自杀者，也是人啊。如果不指望回复，人家给你写信干什么？你看看这封——”

诺贝尔拿起一个白色信封，上面标着“救急!!!”他说：“第一个孩子夭折了，死于疟疾，现在第二个孩子又得了肺痨。这位妈妈，她该怎么办啊！她不找我找谁？我们能装聋作哑，袖手旁观吗?”

作为一位名闻世界的大富豪，诺贝尔居然从来没雇用过一名私人秘书。在公众场合，他习惯“讲”话，不想“念”话。他处理所有信件誊抄也好，登记也好，也从来都是自己动手。每天发出二三十封手书，是他几乎不变的日程安排。诺贝尔喜欢用小字来书写，笔迹清楚而刚劲，页面非常美观。

“兄弟呀，”路德维格说，“我们就不说这复信的事了。你呢，听哥哥再说两句——说两句废话吧，我就知道你肯定把我

一次实验时，诺贝尔不小心被碎玻璃片刺伤了。他将包扎伤口的纤维脱脂棉不小心抖落进了硝化甘油中，就是这样一件“小事”，成就了科学史的一个“大细节”——硝化甘油变成了胶状物，安全又稳定的“爆炸胶”问世了。

名家名言

不尊重别人的自尊心，就好像一颗经不住阳光的宝石。

名家名言

冷酷无情的理智是一把除了捣毁之外毫无用处的锤子。它有时就像冷酷的心一样有害和可恨。

的话当废话。你回过头去看看,再坐下来想一想:你发明了达那炸药,你和爸爸同时荣获了莱特斯蒂特金质奖章,你利有了,名也有了,你该有的一切都有了,咱们地球上没人不知道你阿尔弗雷德了,那么,你究竟还想怎样啊?我身边的人都说你们诺贝尔家族,个顶个的都那么厉害,真是老虎生老虎,老子英雄儿好汉啊!你就不想歇歇脚?我看你呀,见好就收吧,哥哥劝你,把自己锁进保险箱,享受你无与伦比的大富大贵,乖乖地养老,比什么都好!——行啦,我的废话说完啦!”

路德维格就像看一个陌生人,死死地盯着弟弟的眼睛。他要听弟弟开口说话,是“Yes”,还是“No”。

“二哥呀,”诺贝尔没说“Yes”,也没说“No”,他说,“如果不让我搞发明,我真不知道怎样活着啊!我们要做的事还很多——发明,没有止境啊!”

“你看怎么样!你看怎么样!——还是个‘No’!”路德维格一击双掌,叹息道,“我就知道你另有一套!你呀,你呀,阿尔弗雷德,谁的话你也不听,你就一根筋,‘筋’到底吧,以后我再也不劝你了!”

“嘿嘿,”诺贝尔笑道,“二哥你忘了?爸爸早年间就跟咱们说过,‘躺在荣誉上睡觉的人,注定没有未来’嘛!”

47

不搞发明就不知道怎样活着,一“筋”到底的诺贝尔,到1875年,研制出了更高级的新炸药——爆炸胶。

那是一个普通的夜晚，诺贝尔像往常一样，简简单单地吃了点东西，把药品摆在案头显眼的地方——习惯了，睡觉前服药——就在实验室里埋头工作。他在清洗完几支试管的时候，左手无名指忽然犯了抽筋，一支试管从手里脱落，掉在地上打碎了。

“你不够朋友嘛!”他把所有的试管放在桌面上，揉捏着左手无名指，说，“你怎么就不懂得团结协作呢?”

几个月来，有时候手指头抽筋，有时候腿肚子抽筋，他想改天去看看医生，还没抽出工夫来。

诺贝尔蹲下来，往铁箕里收拾试管的碎片。弄完之后，却发现右手小指头浸出一点点血来。哦? 划破了? 没在意哟!他吹了吹那小小的血珠。本来算不得什么大伤，用不着去看医生，他着急干活儿，就用一块火棉包扎起来。问题是，火棉可不是药棉，它是棉花纤维脱脂后加入了硝酸制成的，所以，让诺贝尔没料到的是，火棉刺激伤口引起的疼痛难以忍受。“哎哟喂——”他叫了一声，赶紧把火棉抖落下来，丢弃在一个残留着少量硝化甘油的玻璃器皿中。

他咬着牙，赶紧去冲洗划伤的手指。

伤口的刺激性疼痛慢慢减轻下来。这时候，他无意中看了看玻璃器皿，竟发现了一件小事，正是这一件“小事”，后来成了写入科学史的一个“大细节”——那块被丢弃的火棉，在硝化甘油中溶化后，使硝化甘油变成了固体的胶状物。

哦? 诺贝尔的脑际，立刻闪过又一道灵感的亮光。

10 年前，为了把硝化甘油变成固体，自己花费了多少心血,做了多少实验啊!如果改用火棉做硝化甘油的吸附剂,它比那“千呼万唤始出来”的硅藻土又会怎样呢?

马上投入实验。

……

夜深了。诺贝尔忙碌着。

终于,一种似乎比刚才的疼痛还“难以忍受”的惊喜,让诺贝尔血流加速,浑身发热,他迫不及待地等着天亮。

好不容易盼到淡淡的曙光爬上窗棂,他的助手费伦巴克来上班了。

“好,你可来啦,伙计!”

诺贝尔的语气,让费伦巴克感到惊讶,因为他今天来得并不晚啊。

“伙计,来,我给你看一样东西!”

诺贝尔端一个玻璃平盘给费伦巴克。他已经做成了第一份“爆炸胶”。“你来猜一猜吧,这是什么?”

“先生,”费伦巴克凝视着玻璃平盘里的东西,小心地嗅了嗅,拿镊子的尖轻轻点了一下,说,“是……这一种是什么胶吧?您想粘什么呢?看样子放置时间长了些,胶的粘合力……已经失效了。”

“不,我不想粘东西。”诺贝尔说,“我叫它爆炸胶!爆炸胶不是用来粘东西的,是炸药。不过,这还没算最后定型——费伦巴克你先坐下!”

诺贝尔就把火棉与硝化甘油相溶,变成固体的现象讲给了费伦巴克。“现在,”诺贝尔说,“我们工作的当务之急,就是确定它们之间的最佳比例!"

既然火棉是将一般的纤维用硝酸来处理而制成,就有一个硝化程度的问题,也就是纤维与硝酸的比例问题;有了火棉,再与硝化甘油溶解结合,又是一个比例问题。

"劳驾,我们一项最新的实验马上开始!"诺贝尔说,"别怕麻烦,从实验室到工厂里。要详细地做好记录!"

"明白。"费伦巴克说,"但愿他不次于硅藻土炸药啊!"

"仅仅不次于不行! 连傻子都知道,硅藻土可比火棉便宜多了。"诺贝尔说,"要强于硅藻土,要大大的强于硅藻土,那才是我们的目标。"

诺贝尔和费伦巴克冒着危险,前后进行了250多次试验,并且在诺贝尔的四家主要工厂里进行过大规模的试验,最后才将爆炸胶定了型。

一种品性非常优秀的新型炸药——爆炸胶问世了。它的爆炸威力,居然超过了硝化甘油,而比硅藻土炸药更加稳定,使用和运储方便又安全。

"朋友哇,"诺贝尔洗手的时候,常常捏一捏那根曾经抽筋的无名指,想起那个重要的夜晚,"你帮助我的方式也太特殊了!"

1875年,诺贝尔在英国首先取得了爆炸胶的专利注册。

1876年,在美国取得专利注册。

接着,在多个国家取得专利并投入生产。很快,"爆炸胶"以"诺贝尔特号黄色炸药"、"特快黄色炸药"等各种名称投放于国际市场。

"我的二哥哟!"有一次,诺贝尔在斯德哥尔摩家里见到了路德维格,说,"锁在保险箱里的日子,绝对不如在保险箱外面的日子有味道啊!"

路德维格说:"我算服你了,阿尔弗雷德,大哥也服你了,我们俩已经预见,将来的人类,是忘不了你这位一根筋的!"

48

流年似水,一晃又是10年。

1887年,诺贝尔54岁。10年间,诺贝尔谢绝了家人和朋友一次又一次规劝,以"一根筋"的坚忍和锥锋般的锐利,在"保险箱"外孜孜不倦地进行着对炸药的研究和探索。这一年,他又用等量的硝化甘油和硝化棉,加上百分之十的樟脑,研制成功硝化甘油无烟火药弹道炸药。这种以"无烟"为特点——也是优点的炸药,首先在法国取得专利权。第二年,它又在英国获得了专利权。

1891年,58岁的诺贝尔,在法国遭受了迫害,成为他一生中最大的挫折。

法国一位化学教授维伊尔,曾于1885年发明了一种炸药,其特点比较接近"无烟",称为"B型萨劳——维伊尔炸药"。由于维伊尔同当局政要关系密切,"B型萨劳——维伊尔炸药"则已被陆军和海军方面迅速采用。因此,诺贝尔的无烟炸药和他本人,就被看成是维伊尔炸药和维伊尔本人的死对头。很快,维伊尔的嫉恨转换成了政府行为,诺贝尔面临被围剿之势:首先是报界以不实之词恶语相向,诬陷他窃取科研机密;继而,警察查封了他的实验室,吊销了他拥有枪炮和进行试验的许可证,禁止他在翁弗勒的黄色炸药工厂里进行无烟炸药生产,没收了已经制成的试验用的炸药。在这种大山压顶的情况下,诺贝尔不得不中断了他的重要工作,于1891 年愤然离开他在马拉可夫大街的住宅,从一直视为故乡的巴黎迁居到意大利波嫩特河畔的圣雷莫。

气愤难平、寝食不安,体质自然下降。被世人誉为“石油大王”的二哥路德维格,已于 3 年前去世;而亲爱的母亲,也于两年前去世了,这更增加了诺贝尔的孤独和忧伤感。诺贝尔自己也预感到,未来的局面会每况愈下,而且大限不远,来日无多了。

夕阳般的时光,总共延续了 5 年。在这 5 年里,早已功成名就的诺贝尔,仍然没有“躺在荣誉上睡觉”,也没有把自己锁在“保险箱”里坐享其成。

他那无人堪比的思维触角,仍然竭力伸向四面八方,他想象的翅膀仍然在奋力翱翔。对于诺贝尔来说,操劳在无比广阔的发明创造的舞台上,才是他唯一的、最大的快乐。

“抓紧到该去的地方看一看吧!没有哪个地方不该去呀!”

诺贝尔四处奔波、风尘仆仆、行色匆匆。

他访问他的工厂,访问他的公司,访问同行和朋友。几个欧洲国家的首都也是他常常落脚的地方。尽管法国政府、媒体和对头对他进行过迫害,巴黎还是要去的,他在这座城市里生活和工作了18年，有许多联系是割不断的。人在旅途，心系发明，诺贝尔不论在火车上、轮船上，还是在旅馆房间里，他也都像在实验室里一样，思考、计算、肯定、否定、遴选。那是他放不下的工作。

有一次，诺贝尔去挪威，坐在一间候车室里等钟点。突然，旁边有两个年轻人为争座位打起来了。诺贝尔劝阻道："算啦，年轻人，不值得啊！"

两个年轻人没有理会诺贝尔，依然争吵得非常厉害——也无非就是说自己先占了座位，去解了手，或者去打了水，云云。

诺贝尔说："如果实在想坐一坐，来吧，我可以站着。"

两个年轻人实在是"专心致志"了，根本就不看诺贝尔一眼。倒是旁边的一名旅客惊呼道："啊——您——您是诺贝尔先生吧？"

这一呼不得了，许多人都围拢上来。那两个年轻人立刻停止了战斗，都向诺贝尔表示亲近。

"二位——"诺贝尔笑起来，说，"是怕我的炸药吗？我今天没带炸药！"

那两个小伙子都红着脸，摇起头。一个说："不，诺贝尔先生，我们尊敬您！"

另一个掏出一个本子，递过笔，恭恭敬敬地说："先生，求您给签个名好吗？幸会！幸会！留个纪念！"

……

49

诺贝尔暮年体衰,百病缠身,但他生命的琴弦依然铮铮作响。

在圣雷莫,他舍不得光阴虚掷,筹建了最后一座实验研究所,还建筑了一座伸向海里的小码头。

就是在最后这座实验研究所里,如同老树开新花,他发明了改良型无烟火药;研究了人造皮革、人造橡胶、油漆、涂料;改进了电话、唱片、电灯;实验了火箭、空中鱼雷;用火药燃烧的高温融化酸化铝,研制出了人造宝石。

小码头的用处可不只是消闲散步,那是进行炸药和火器试验用的场地。诺贝尔起早贪黑,在这座小码头上忙碌了5年,他生前没有完成的几项重要发明,也在这里打下了基础。这些发明,有后来人接力,最终一一试验成功。

“可是诺贝尔先生,我们作为先于您在本地安家落户的合法居民,非常难于忍受您打枪放炮的干扰,我们呼唤安宁!”这是住在附近别墅里的一些人,面对面地向诺贝尔发的牢骚,用现在的话说,就是抱怨他“扰民”。

“您建这个码头,我们原以为会给我们带来一些乐趣,哪怕没有乐趣,我们可以在上面溜达溜达,可是您天天轰隆轰隆地点燃炸药!遗憾!非常遗憾!”

“连鸟儿都搬家了,怕炸死啊。可是我们,不是鸟儿啊!”

“谁都知道先生是一位瑞典人,可是您专门喜欢在瑞典国外制造爆炸声,您就不想回国啦?"

"看起来先生身体不好,可是我们都渴望您健康啊!"

……

诺贝尔想想,啊,自己自从 1842 年 10 月,即他 9 岁的时候离开斯德哥尔摩,移居俄国以来,除了 1863 年至 1864 年在赫勒内堡进行试验工作,他在国内已经没有家了。

要么——回国看看?

他也萌生了一点念头。

不过,那不光是"看看"。

1895 年,诺贝尔与他的好朋友瑞典工程师鲁道夫 · 利列克维斯特一起,建立了瑞典第一座生产电镀产品和工业及医用化学品的工厂。后来,这家工厂发展成为在布胡斯拥有好几座工厂的大型企业。

于是,他在瑞典买了公司,建了实验室。他新建的实验室虽然不大,却装备有最先进的设备。在这里,他陆续聘请了许多瑞典工程师,在他的新朋友拉格纳 · 索尔曼的领导下开展研究工作。

诺贝尔还成为建在韦姆兰省比耶尔纳堡的一家瑞典钢铁公司的老板。他的意图是,大力发展那里已经拥有的高炉、酸性转炉炼钢厂和轧钢厂。与此同时,他还买下了附近的卡拉斯大瀑布。

有朋友问他:"你如果喜欢欣赏瀑布,就尽情地欣赏得啦,你有必要花钱买下它吗?"

诺贝尔说:"瀑布应该不光是给人看的,那太浪费了;我的计划是,开发这条河流的水电资源,不能让水白白流掉。从资源的角度说,水,就是‘白煤’呀!”

1896 年,诺贝尔把改进型无烟炸药的发明专利权在瑞典注册,这是他在炸药领域里收获的最后一颗“番茄”。

50

人们大都知道诺贝尔罄毕生之力研究发明和生产炸药,却很少有人知道他对其他领域也“想入非非”。

比如,他热衷于飞行。

1892 年,诺贝尔曾写下这样一段话:

“飞行,真的使我感到兴奋。但是,我们一定不要以为通过气球的手段可以解决这个问题。当一只鸟高速飞行时,只要轻轻摇动它的翅膀,就能够克服重力。这并不是通过魔术办到的。鸟儿能做的事,人类当然也能。我们必须有高速推进的浮筏,一只能在 3 小时内从巴黎飞到圣雷莫的红雀……”

诺贝尔生前没能见到人类制造出“高速推进的浮筏”,没能见到用钢铁制造出的“红雀”,但是,他的宏愿在他逝世 7 年之后,1903 年 12 月 17 日上午 11 时,美国的莱特兄弟制造的第一架飞机——“飞行者 1 号”,在美国北卡罗来纳州的基蒂霍克升空飞行,留空时间 12 秒,飞行距离 36 米,先生的想象变成了现实。

1893 年至 1894 年,诺贝尔和瑞典工程师斯特雷勒纳特一起，致力于研究人造丝。诺贝尔利用白金极强的延展性，做出极细的白金丝，把极细的白金丝穿进玻璃溶液，玻璃溶液冷却之后，再用王水[①]将里面的白金丝腐蚀掉，制成了洞孔非常细的玻璃压力喷嘴。玻璃压力喷嘴可将硝化纤维素或赛璐珞溶液挤压出来，然后硬化，形成细丝状纤维。喷嘴的发明为后人提供了一个布匹改革的基础。不久，千姿百态的人造丝织品问世，结束了人类几千年来唯蚕棉是穿的时代，大大丰富了人们的生活。

这种喷嘴，在1896年取得了专利权。

诺贝尔忙碌着，诺贝尔苦撑着，诺贝尔遭受着严重的偏头痛和血管痉挛症的折磨。他在巴黎请专家进行了诊断。医生不无同情地告诉他，他患的是一种严重的心绞痛症，随时都有生命危险，必须绝对休息。

诺贝尔明白，这句话的潜台词是，自己到了准备后事的时候了。

当历史的时针指向1896年12月10日凌晨2时时，伟大的科学家、发明家、企业家和慈善家阿尔弗雷德·诺贝尔先生，突发脑出血，辛劳一生之后，在意大利的圣雷莫永远停止了呼吸，享年63岁。人类的科学史上，一颗光芒耀眼的巨星陨落了。

先生的遗体被运回祖国瑞典，火化以后，于12月29日安

---

① 王水：又称王酸，浓硝酸和浓盐酸体积1∶3的混合液，腐蚀性极强，能溶解金和铂等。

葬在斯德哥尔摩的北方公墓。这是一座家庭墓穴,先生与他的父亲伊曼纽尔、母亲卡罗莱娜和弟弟埃米尔永远同眠。

诺贝尔的石制墓碑高约3米、尖顶、灰色,看上去极为普通。石碑的正面镌刻着“Nobel”几个金字和他的生卒年月。碑上没有诺贝尔的肖像,也没有任何阐述先生曾经在人类历史上创造过的巨大辉煌的文字。诺贝尔一生取得了350多项发明专利权,在20个国家创立了诺贝尔公司,在全世界建有几百座工厂,他一生积累了大量的财富。其墓碑之简朴,让每一位后来者深深感受到大师那崇高不朽的人格力量,也常常让那些喜欢高扬自己,陶醉于以“大师”自诩的精英们汗颜不已。

诺贝尔把自己的一生全部献给了人类——除了他创造的大量财富,还有他那光彩熠熠的高贵精神。诺贝尔向往的是人类社会的繁荣、进步与和平。他曾经写道:“我希望能把所有的枪炮、它们的附属物和一切东西,都送到地狱里去,那里是展览和使用它们的恰当地方。”

然而,一百多年过去了,我们这个星球上所发生的诸多事件,并不完全符合他的遗愿,特别是大批人的饥饿和频发的战争——与先生的追求背道而驰。诺贝尔曾经说过:“我的理想,是为人类过上更幸福的生活而发挥自己的作用。”

愿诺贝尔先生的理想成为所有地球人共同的追求。

1900年6月,瑞典政府批准设置了诺贝尔基金会,并于第二年,即诺贝尔逝世5周年纪念日,1901年12月10日首次颁发了诺贝尔奖。从此,每年的12月10日分别在瑞典首都斯德哥尔摩和挪威首都奥斯陆举行隆重的授奖仪式。1968年,瑞典中央银行出资增设了诺贝尔经济学奖。1990年,诺贝尔的一位重侄孙克劳斯·诺贝尔行生又提出增设诺贝尔地球奖,授予杰出的环境成就获得者。

从首次颁发诺贝尔奖至今,全世界约有600人获此殊荣,还有近20个国际组织荣获和平奖。

阅读思考

① “暮年体衰,百病缠身,但诺贝尔生命的琴弦依然铮铮作响。”指的什么?

② 诺贝尔一辈子研究炸药,他是不是热爱战争啊?他的目的是什么?

附录　诺贝尔年谱

1833 年　10 月 21 日出生于瑞典首都斯德哥尔摩。

1840 年　父亲伊曼纽尔到俄国圣彼得堡（今之列宁格勒）找工作。

1841 年　诺贝尔入小学。

1842 年　父亲的工厂生意兴隆，全家迁到圣彼得堡。

1843 年　父亲发明的鱼雷受到俄国政府的重视，获颁奖励金 3000 卢布。这一年，弟弟埃米尔诞生。

1850 年　诺贝尔留学美国。

1856 年　父亲的工厂陷入困境，而诺贝尔本人因水计量器的改良，获得专利权。

1859 年　父亲事业失败，带着弟弟埃米尔回到斯德哥尔摩。

1863 年　发明硝化甘油炸药用的雷管。10 月，得到硝化甘油炸药的专利，跟父亲在斯德哥尔摩办厂。

1864 年　硝化甘油工厂爆炸，埃米尔惨死。关闭瑞典工厂，在德国建厂。10 月，成立“硝化甘油炸药公司”。

1865 年　在德国汉堡设立火药公司。

1866 年　硝化甘油爆炸事件不断在世界各地发生，硝化甘油公司陷入困境。

1867 年　获英国的炸药专利，从这一年开始，炸药年产量 11 吨，并发明新的诺贝尔雷管。

1867 年　从美国开始，在欧洲各地开设诺贝尔公司，炸药事业鼎盛。同年，与父亲同时获得瑞典科学研究院的亚斯特奖。

1871 年　在英国创办炸药公司。法国也允许制造炸药，与保罗·鲍合作创业。

1872 年　父亲伊曼纽尔病故。

1873 年　定居巴黎。大哥罗伯特在巴库发现油田。

1878 年　完成可塑炸药。5 月，加入哥哥们的石油事业，成立诺贝尔兄弟石油公司。

1884 年　被推荐为伦敦皇家协会、巴黎技术协会、瑞典皇家科学协会的会员。

1887 年　取得喷射炮弹火药的专利。

1889 年　母亲在故乡斯德哥尔摩去世。

1890 年　受法国人迫害，于次年离开居住 18 年之久的巴黎，搬到意大利圣雷莫。

1895 年　于 11 月 27 日立下遗嘱设立诺贝尔奖。

1896 年　12 月 10 日的晚上,在意大利圣雷莫的米欧尼德庄永眠。

1901 年　12 月 10 日逝世 5 周年纪念日,依照诺贝尔的遗嘱,在斯德哥尔摩举行第一届诺贝尔颁奖典礼。